HAPPINING

HAPPINING

예수에게 배우는 행복의 여덟 계단 ✦ 해피닝

이상준 지음

작가의 말

유머, 자존감과 인성의 최고 모습

제가 서울의 모 백화점에서 스피치와 유머 화법을 강의하던 초창기 이야기입니다. 2006년 12월의 어느 추운 겨울밤 30대 초반의 여의사가 교육에 참석했습니다. '의사가 왜 유머와 스피치를 배우려 할까?' 궁금했던 저는 교육이 끝난 후 그녀에게 이유를 물었습니다. 그녀가 유머 교육을 수강하게 된 동기는 이랬습니다.

모든 게 서툴고 잠도 부족하던 인턴 시절, 그녀는 한

교수님이 집도하는 수술을 보조하고 있었습니다. 그러나 말이 보조이지, 열 시간 넘게 환자의 다리를 들고 있자니 보통 일이 아니었습니다. 결국 깜박 졸고 말았는데 그 모습을 교수님과 선배들이 보고야 말았습니다. 그녀는 덜컹대는 가슴을 어쩔 줄 몰라 하고 있었습니다. 의대는 사람의 생명을 살리는 일을 하기에 기강이 엄해서 실수가 용납되지 않는데 중요한 수술에서 졸고 있었으니 얼마나 가슴이 떨렸겠습니까. 그런데 겁을 먹은 그녀에게 교수님이 큰소리로 이렇게 말씀하셨답니다.

"수술 보조하다가 졸지 않으면, 그건..................... 인간이 아니다!"

그러자 수술실에 폭소가 터지며 온기가 돌기 시작했습니다. 그날 이후 그녀는 그 교수님을 존경하게 되었습니다. 그리고 의사로서 멋진 인생을 살려면, 그분과 같이 유머 감각을 가져야 할 것 같아서 강의에 참석하게 되었다고 덧붙였습니다.

이 일화는 유머가 단순히 우스갯소리만이 아니라는 제 신념에 확신을 주는 결정적 계기가 되었습니다. 이후 많은 시간을, 예수부터 오프라 윈프리까지 인류 역사상 위대한 성공을 이루고 행복한 인생을 누린 사람들에 대한 문헌을 연구하게 되었고, 그들의 중요한 공통점을 하나 발견하게 되었습니다. 바로 유머와 말로 세상과 멋지게 소통할 줄 알았다는 사실이었습니다.

분노나 이기심을 잘 제어하는 사람일수록 인성이 훌륭하고 자존감이 높습니다. 이런 사람들은 타인에게 함부로 화를 드러내거나 까칠한 말을 하지 않습니다. 가장 중요한 점은 말에 품위와 교양이 배어있어 다른 사람을 높여줄 줄 안다는 것입니다. 품위와 교양 있는 말의 최고봉은 유머입니다. 전술한 일화처럼 수술 보조를 하다가 조는 인턴을 야단치지 않고 '졸지 않도록 조심하게.' 정도로 조용히 넘어가는 것만으로도 훌륭한 인성입니다. 하지만 그 교수는 거기서 한 단계 더 나아갔습니다. 유머 화법으로 좌중에 웃음을 주며 사건을 마무리했죠. 점잖고 진지한 화법도 나쁘진 않지만 분위기를 살리진 않습니다. 그런 의미에서 유머 화법은 최고 수준의 인성을 보여주는 화법이라고 할 수 있습니다.

유머는 말의 정수

유머의 힘에 대한 또 하나의 일화가 있습니다. 한국 프로야구팀에서 실제로 있었던 일입니다. 팀 타선이 계속 침묵을 지키며 삼진을 당하자 주장은 깊은 고민에 빠졌습니다. 바로 그때, 그의 눈에는 팀원들이 간식으로 많이 마시던 홍삼진액이 들어왔습니다. 그리고 실의에 빠진 팀원들에게 한마디를 던졌습니다.

"우리 이제 홍삼진액은 그만 마시고, 간식은 홈런볼로 통일하자!"

그러자 어찌 된 영문이지 다음 경기부터 타선이 살아나며 홈런이 빵빵 터지기 시작했습니다. 다시 사기가 불타오른 동료들이 주장에게 물었습니다.

"홈런 치라고 홈런볼 먹는 건 알겠는데, 홍삼진액은 왜 못 먹게 하십니까?"

주장이 의미심장한 미소를 지으며 말했습니다.

"홍삼진액에는…………………………… '삼진'이 들어있잖아."

말에는 힘이 있습니다. 그 힘이란 앞선 일화들처럼 행복과 성공을 돕는 힘이 될 수도 있고, 거꾸로 방해하는 힘이 될 수도 있습니다. 죄 없는 사람에게 상처를 주는 말을 하거나 타인의 단점을 드러내고 조롱하며, 너무 쉽게 버럭 화를 내는 사람이 있다면 주위 사람들은 그를 피할 것입니다. 사람들이 그의 주변에 모일 수 없으니 자연스럽게 그의 성공을 돕는 사람들이 적을 수밖에 없죠. 오히려 돕기는커녕 그에게 나쁜 감정을 가지게 되어 보복하는 경우도 있습니다. 반면에 주위 사람들을 높여주는 말을 하고 상대의 잘못을 너그럽게 품어주는 사람 곁에는 사람이 모여듭니다. 그에게 감동을 한 사람들이 따뜻한 교류를 하게 되니 행복은 따놓은 당상관이고 성공은 시간문제일 것입니다.

주위 사람들에게 부정적인 말을 많이 하는 사람들이 행복과 성공을 놓치게 되는 이유는 최근 뇌과학에서 잘 설명하고 있습니다. 타인에게 말로 분노, 욕설, 부정을 분출하는 것은 공격 행동입니다. 이 공격 행동은 우리 뇌 속의 본능을 담당하는 뇌를 전투모드로 만들어서 코티솔이나 아드레날린 같은 스트레스 호르몬과 신경전달물질 분비를 촉진하게 됩니다. 그런데 우리 뇌의 또 다른 중요 부위인 지능을 담당하는 고차원 뇌 부위는 상당히 예민해서 이런 스트레스 호르몬에 손상을 입기 쉽습니다. 따라서 자주 욱하는 감정을 드러내는 사람은 고등지능을 십분 발휘하지 못할 가능성이 높아집니다. 성공 가능성이 떨어져 행복을 느끼기가 어려워지는 것이죠.

그러나 주위 사람들에게 사랑과 긍정의 말을 많이 하는 사람들은 세로토닌이나 옥시토신 같은 행복 호르몬과 신경전달물질 분비가 촉진됩니다. 그래서 정서가 안정되고 자존감과 행복감이 높아집니다. 이런 환경이 조성되면 고차원 뇌 부위가 최고로 활성화됩니다. 성공 가능성이 높아질 수밖에 없는 것입니다. 특히 유머 화법은 세로토닌과 베타엔도르핀과 같은 좋은 호르몬의 분비가 강화됩니다. 뇌가 최적의 상태가 되는 것이죠. 신바람 나게 일하는 사람은 그 능력을 최대한으로 끌어낼 수 있는데 웃음과 유머가 신바람을 만드는 가장 좋은 수단입니다. 이처럼 유머 화법은 긍정적 화법 중에서도 단연 으뜸이라고 말할 수 있습니다.

인류 최고 스승에게 배우는
대화의 기술

남을 조롱하거나 헐뜯는 말처럼 부정적인 말하기는 배울 필요가 없습니다. 왜냐하면 본능적으로 튀어나오기 때문입니다. 그러나 남을 높여주고 잘 대해주는 말하기는 배워야 합니다. 단언컨대 유머 화법의 최고 스승은 예수님입니다. 그분은 유머와 상극인 고난의 삶 속에서 유머의 아름다운 꽃을 피워냈고 환한 빛을 발했습니다. 그는 어떻게 남을 높이고 행복을 줄 수 있는지, 또 까칠한 사람들을 어떻게 부드러움으로 제압할 수 있는지 잘 아는 분이셨습니다.

말은 귀를 통해 마음으로 흐른다는 말이 있습니다. 2천 년 전, 로마제국의 핍박과 기득권 바리새인의 횡포에 마음이 굳게 닫혔던 이스라엘 사람들, 이들의 귀에 닿았던 모든 말은 순식간에 다른 쪽 귀로 흘러 버려졌을 것입니다. 이런 상황에서 예수님이 선택할 수 있었던 것은 파격적이고 관점의 대전환을 이루는 유머 화법이었습니다. 척박한 갈릴리 땅만큼이나 남루했던 군중의 마음을 웃기지 않고서는 채울 수 없었기 때문입니다. 이것이 바로 고난의 삶을 최고의 인생으로 이끌었던 예수님의 비밀이었습니다.

한국 사회에서 기독교는 점점 더 이슈가 되고 있습니다. 배타성과 공격성은 예수님의 진정한 가르침이 아니라고 생각합니다. 예수님은 그렇게 가르치지도, 행동하지도, 말씀하지도 않았다고 확신합니다. 오늘날의 성경이 예수님 말씀의 핵심은 잘 담고 있지만, 너무 딱딱하게 묘사하고 있어 그런 영향이 있는 것 같습니다. 인류의 스승 예수님께서 인간의 행복과 성공을 마다하시진 않을 겁니다. 그래서 저는 '말하기'라는 인간의 보편성을 담아 예수님께서 가르쳐주신 삶의 진정한 행복을 전하고자 이 책을 썼습니다.

  책의 제목인 해피닝Happining은 'Happiness'에 '-ing'를 더한 신조어입니다. 이는 '행복이 연속적으로 일어난다.'라는 뜻으로 한마디로 말하면 행복이 겹치고 겹치는 '첩첩행복'이라고 말씀드리고 싶습니다. 각자 자신만의 행복만을 좇아가다가 지친 우리에게 '행복의 지속'은 매우 의미 있는 일이라고 생각합니다. 저는 행복의 지속에 대한 해답을 '예수님의 화법'에서 발견했습니다. 말하기나 유머는 돈이 드는 일이 아닙니다. 그러나 돈보다 더 강력한 행복과 성공의 원동력이 될 수 있습니다. 알고 보니 인류 최고의 유머리스트였던 예수,

시대가 변해도 달라지지 않은 그분의 검증된 화법으로 행복의 원리를 깨닫고 항상 행복하시기를 진심으로 바랍니다.

  끝으로 이 책을 출간하기까지 두 분의 도움을 잊을 수 없습니다. 다산북스 김선식 대표님은 후의와 통찰력으로 출간을 결정해주셨고, 이영진 편집자님은 이 책에 열정과 애정을 가지고 정성을 다해주셨습니다. 심심한 감사를 드립니다.

2020년 12월 11일
평화로운 동백 호반가에서
저자 이상준

차례

작가의 말 ✦ 004

프롤로그 ✦ 016

시작의 계단 　이해와 맞춤 ✦ 037

두 번째 계단 　세움과 상쇄 ✦ 083

세 번째 계단 　부드러운 소통 ✦ 105

네 번째 계단 　마음을 사로잡는 비유 ✦ 141

다섯 번째 계단 　휘둘리지 않는 평정심 ✦ 171

여섯 번째 계단 　뜨거운 긍정 ✦ 195

일곱 번째 계단 　아량과 관용 ✦ 213

마지막 계단 　완전한 인도 ✦ 235

에필로그 ✦ 262

프롤로그

"헤헤거리다뇨?"

아내의 음성이 반복적으로 귀를 울려댔다. 운전기사가 몰고 있는 자동차 뒷좌석에 머리를 기댄 채 창밖을 내다보고 있는 훈트. 어젯밤 아내와 다투었던 기억이 여전히 마음을 짓누르며 그의 뇌리에서 떠나지 않고 있다.

사건의 발단

시작은 이랬다. 훈트는 아내 클라라와 함께 서아프리

카의 스페인령 그랜 카나리아로 2주간의 휴가를 다녀왔다. 오랜만에 큰맘 먹고 시간을 낸 것이다. 아름다운 해변과 호젓한 항구, 그리고 로맨틱한 호텔은 40대 후반의 부부를 신혼 시절로 되돌려놓기에 충분했다. 시간은 꿈결처럼 아득하고 빠르게 지나갔다. 그러나 베를린 국제공항에서 바흐의 협주곡으로 유명한 브란덴부르크시에 있는 자택으로 돌아오는 길에 기어코 일이 터지고야 말았다. 그는 포츠담에 사는 귄터 숙부를 방문하자고 아내에게 말했다. 숙부는 오래전에 상처한 후 자식도 없이 홀로 외롭게 살아가고 있었다. 하지만 아내는 여독 때문이었는지 몰라도 다음에 당신 혼자 다녀오라고 딱 잘라 말했다. 아내가 좀 더 속 깊게 생각해보지 않고 자신의 의견을 무시하는 데 순간적으로 화가 치민 훈트의 입에서 이런 말이 튀어나왔다.

"클라라! 당신은 남편이 돈 벌어다 줄 때 좋다고 헤헤거리면서 남편이 중요하다고 생각하는 일엔 눈곱만큼도 관심이 없군!"

순간 클라라의 얼굴이 흙빛으로 변했다.

"당신, 무슨 말을 그렇게 해요? 헤헤거리다니요? 내가 언제 헤헤거렸어요? 당신은 내가 그렇게 속없는 여자로 보여요?"

클라라의 목소리가 점점 높아지자 훈트는 어금니를 꽉 깨물었다. 하지만 말다툼은 이미 걷잡을 수 없이 커졌고, 꿈결 같았던 신혼 기분은 산산이 흩어져버리고 말았다.

"사장님, 도착했습니다."

상념에 잠겨 있던 훈트는 운전기사의 말에 꿈에서 깨어난 듯 정신을 추스르며 차에서 내렸다. 그리고 수위가 잡아놓은 초고속 엘리베이터를 타고 24층 자신의 집무실로 들어섰다.

볼프강 폰 훈트. 49세, 독일인. 반려동물용 사료를 제조하는 독일기업 ㈜훈트펫의 사장이다.

"구텐 모르겐! 사장님, 얼굴이 많이 타셨네요! 휴가는 즐거우셨어요?"

비서인 카타리나가 특유의 미소를 함빡 머금고 그를 맞이했다. 경쾌한 그녀의 음성이 날아들자 그제야 아내 클라라의 하이톤 목소리가 꼬리를 내리며 사라졌다. 벌써 4년 반째 그의 옆을 지키고 있는 그녀였지만, 오랜만에 보는 얼굴이라 그런지 순간적으로 싱그러운 미소라는 생각이 들었다.

"그래요, 모처럼 잘 쉬었소. 카타리나도 별일 없었죠?"

우울한 기분을 떨쳐보려는 듯 그는 짐짓 미소까지 지어 보였다. 하지만 의례적인 인사만 주고받고 곧장 그의 방으로 들어갔다. 2주 만에 책상 앞에 앉으니 멍한 기분이 들었다. '뚜-' 하는 인터폰 소리와 함께 카타리나의 목소리가 다시 한번 날아들었다.

"사장님, 브리핑하러 들어가겠습니다."

그녀는 몇 가지 서류를 들고 와서 휴가지에 정신을 빼놓고 온 상사를 채근해댔다.

"오늘 점심은 마우어 사장님과 크류바흐 레스토랑에서 약속되어 있으십니다. 오후 2시에는 예정대로 이사회가 있고요. 참, 한스 상무님이 오늘 오전 뉴욕 출장에서 돌아오신다고 전화하셨습니다. 이사회 시간에 맞춰

프롤로그

서 나오시겠답니다."

"한스 상무가 어떻게 벌써 돌아온다는 거죠? 출장 간 일이 어떻게 되었는지 얘기하던가요?"

"예, 만하임 측에서 협조를 잘해줘서 예정보다 일찍 일을 마쳤답니다. 안 그래도 뉴욕에서 여유를 좀 가지려고 했는데, 따님이 보고 싶어서 그냥 오기로 했다고 하시더라고요. 호호호."

"그래도 피곤할 텐데 좀 쉬지. 의례적인 회의일 뿐인데…. 아, 비틀러 씨 쪽은 그동안 별다른 움직임 없었나요?"

"네, 사장님 휴가 가신 걸 알았는지 별 비방은 없었습니다."

카타리나는 가볍게 웃어 보였다.

휴가 기간의 회사 상황을 보고하느라 평소보다 길어진 브리핑을 마치고 그녀가 나가려 하자 훈트가 무슨 생각이 들었는지 그녀를 불러 세웠다.

"카타리나."
"네, 사장님!"

"회사에 별일은 없었죠?"

"네, 운터마이어 부장님이 그만둔 것 외에 특별한 일은 없었습니다."

"그럼, 잠시 나하고 차나 한잔 할까요?"

"네, 사장님."

사장이 자신과 얘기하고 싶다는 것이 흔치 않은 일이라 약간 의외였지만, 탁자를 사이에 두고 다시 그와 마주 앉았다.

훈트는 말이 없었다. 그녀는 조용히 기다렸다. 물끄러미 카타리나를 바라보던 훈트가 드디어 입을 열었다.

"카타리나, 내가 평소 직원들 대하는 태도가 어떻소?"

뜬금없는 질문에 어리둥절해진 그녀가 조심스럽게 말했다.

"사장님, 무슨 말씀이신지…."

"그러니까 내 말은…, 뭐라고 해야 할까…. 직원들에게 내가 말을 함부로 하는 스타일이냐, 뭐 그런 뜻이오."

"아이, 무슨 말씀이세요. 전혀 그렇지 않으세요, 사장님!"

"그렇담 다행인데, 하여튼 내가 말을 부드럽게 하는 편은 아니죠?"

이 말에는 좀 생각해보는 표정을 짓던 그녀가 입을 열었다.

"음, 솔직히 말씀드리면 사장님 말씀은 온대지방은 아닙니다. 하지만 그렇다고 북극까지는 아니세요."

그녀의 재치 있는 대답에 굳은 표정이 다소 누그러지면서 훈트의 입가로 미소가 번졌다.

"허허. 카타리나, 말 재미있게 하네. 내 말투가 온대기후는 아니란 말이지…."

훈트가 순순히 받아들이자 그녀는 긴장을 풀며 미소를 지어 보였다.

"카타리나!"
"네, 사장님!"
"이번에도 솔직하게 얘기해줘요. 혹시 운터마이어도 나 때문에 회사를 그만둔 건가? 내가 말을 함부로 해서?"

그녀는 가볍게 한숨을 내쉬었다. 뭔가 쉽게 끝날 것

같지 않은 대화가 시작되었다는 느낌이 들자 다시 긴장되기 시작했다.

"글쎄요, 부장님은 입버릇처럼 집에서 가까운 직장에 다니고 싶다곤 하셨거든요. 그 때문이 아니었을까요?"

"물론 그렇게 말하는 걸 나도 듣긴 했지. 하지만 직원들 속마음이란 여간해선 알 수가 있어야 말이지. 혹시 다른 얘기 들은 건 없나?"

난처해졌다. 운터마이어가 훈트의 권위적이고 냉랭한 태도 때문에 상처를 받았던 건 사실이다. 회사를 그만두기 직전에도 사장에 대해 불평을 하며 사장과 가장 많은 시간을 보내는 카타리나에게 걱정하는 소리를 했었다. 그녀가 머뭇거리며 난감한 표정을 짓자 이번에는 훈트가 한숨을 내쉬었다.

"자네 얼굴을 보니 뭔가 들은 게 있는 모양이군, 그렇지? 카타리나, 솔직히 말해주게. 그게 나를 위하는 거야."

훈트의 얼굴에는 사뭇 비장한 뭔가가 서려 있었다. 카타리나는 조심스럽게 입을 열었다. 그녀의 목소리가 긴장으로 떨리고 있었다.

"저…, 제 생각에는 사장님께서 유머 감각을 좀 길러 보시면 어떨까 싶습니다."

'호호! 어떻게 이렇게 명쾌하고 센스 있는 말이 내 입에서 나왔을까?'

카타리나는 순간 안도하며 가슴을 쓸어내렸다. 사장의 심기를 건드리지 않으면서 그녀가 뜻한 바를 정확히 전달했다는 생각에 새삼 자신이 대견했다. 사실 훈트 사장은 그동안 상대의 마음을 전혀 헤아리지 않는 말과 행동으로 많은 직원에게 상처를 주어왔고, 그 때문에 뒤에서 사장을 욕하는 직원도 수두룩했다. 더 심각한 건 회사를 그만두는 사람들 대부분이 사장의 무례한 말투에 상처받아 떠난다고 공공연하게 얘기하고 있다는 것이었다. 하지만 비서인 카타리나로서도 사장에게 직접 그런 얘기를 해줄 수는 없었다.

"그게 다야?"

훈트는 아리송한 표정으로 그녀를 바라보았다.

"네, 사장님! 사실 사장님께서는 모든 면에서 부족함이 없으십니다. 직원들 복지에도 신경 써주시고, 또 개인적으로 어려운 일을 당할 때면 항상 내 일처럼 도와주시잖아요. 그런 사장님도 흔치 않습니다. 거기에 유머 감각까지 갖추신다면 정말 최고 중의 최고 사장님이 되실 거예요."

"허허! 카나리아, 당신 참…."

"사장님, 전 새가 아닌데요?"

"아! 미안, 미안! 카타리나. 이번엔 고의가 아니었어. 아무튼, 알았으니 그만 나가봐요."

머쓱해진 훈트는 어색한 웃음으로 대화를 마무리했다.

하지만 그녀가 방을 나가자 훈트는 더 우울해졌다.

'이것, 참 걱정이군. 아내하고 트러블이 생긴 것도 찜찜한데, 직원들까지 나를 불편해하고 있으니….'

그는 길게 한숨을 내쉬며 창밖으로 시선을 던졌다.

490층, 텍톤 770 울트라 슈퍼 타워

베를린 시내 한가운데 우뚝 서 있는 텍톤 770 울트라 슈퍼 타워 Tekton 770 Ultra Super Tower 는 무려 490층에 달하는 경이적인 초고층 빌딩으로, 완공 당시 '인간의 힘으로 만든 가장 높은 건축물'이라고 해서 세상을 떠들썩하게 했었다. 100층 정도 되는 초고층 빌딩과 구분하기 위해 사람들은 이것을 '울트라 슈퍼 타워'라고 불렀다. 훈트도 몇 번 이 빌딩 근처를 지나가 본 적은 있지만 이렇게 가까이 와서 올려다보기는 처음이었다. 빌딩은 하늘을 찌를 듯한 기세로 높이 치솟아 있었다. 건물의 허리와 이마 정도 되는 지점에 구름이 이중으로 걸려 있었고, 꼭대기는 하도 까마득해서 잘 보이지도 않았다.

 훈트는 지금 이 빌딩의 한 사무실을 찾아가고 있었다. 며칠간 머리를 싸매고 고민을 했지만 별다른 해법을 찾지 못했다. 최근 잇달아 벌어진 아내와의 문제, 직원들과의 마찰, 즐거움이라곤 찾아볼 수 없는 생활, 이 모두가 자신에게서 비롯된 문제라면 어떻게 해야 할까. 카타리나가 지적한 것처럼 유머 감각을 키운다면 뭔가 달라질까?

 "멜랑주 박사라는 분이 유머 감각을 개발해주는 교육을 하고 있는데 대단하다고 합니다. 사장님 같은 CEO

들은 물론이고, 각 분야의 리더들이 그분에게 유머 능력을 높이는 교육을 받고 다들 크게 효과를 봤대요. 사장님께서도 멜랑주 박사를 한번 만나보시면 어떨까요?"

훈트도 일전에 동종업계 CEO 모임에서 멜랑주 박사를 '유머의 구루Guru'라고 극찬하던 걸 들은 적이 있었다. 그들은 멜랑주 박사가 유머의 근본 원리를 깨우쳐줌으로써 유머 감각을 일깨워준다고 입을 모았다. '이젠 유머까지 배워야 하는 건가? 비틀러 씨 문제 하나만으로도 경황이 없는데….'

훈트는 벌써 1년째 이 문제로 골머리를 앓고 있었다. 경쟁업체 CEO인 비틀러는 훈트의 주요 고객사인 영국의 디바인달튼 사에 선을 대서 훈트와 그의 회사를 모함하고 있었던 것이다. 문제가 불거질 때마다 해명하며 오해를 풀어가고 있지만, 그 정도가 점점 심해지고 있었다.

"연세도 많은 양반이 대체 왜 그런 고약한 행동을 하는 건지…."

훈트는 혼잣말하며 머리를 흔들었다.

텍톤 770 울트라 슈퍼 타워의 위용에 압도당했던 훈트는 다시금 마음을 가다듬고 빌딩 안으로 들어섰다. 빌딩 로비는 거대한 광장 같았다.

"어서 오십시오, 존함이 어떻게 되시는지요?"

멜랑주 박사의 비서로 보이는 젊은 여성이 훈트를 미소로 맞이했다. 특이하게도 그의 사무실은 빌딩 1층에 자리하고 있었다.

"네, 볼프강 훈트라고 합니다."

"아, 훈트 사장님! 안녕하세요! 2시 예약이시죠? 멜랑주 박사님께서는 지금 다른 분과 말씀 중이십니다. 저쪽 소파에서 잠시만 기다려 주시겠습니까?"

훈트는 기다란 소파에 앉아 사무실을 찬찬히 살펴보았다. 군더더기 없이 깔끔한 개인병원 스타일의 인테리어였다. 눈에 띄는 것이 있다면 한쪽 벽면에 걸려 있는 그림이었다. 예수가 한 무리의 사람들에게 둘러싸여 활짝 웃고 있는 그림이었는데, 상단에는 큼지막한 글씨로 이렇게 적혀 있었다.

'예수 – 인류 최고의 유머리스트'

'예수가 인류 최고의 유머리스트라고? 신성하고 경건하기만 한 인물인 줄 알았는데, 좀 의외군.'

그때, 박사의 방에서 누군가 나가는 기척이 느껴졌다. 훈트가 돌아보자 비서가 빙그레 미소를 지어 보였다.

"훈트 사장님! 이제 들어가 보십시오."

훈트는 가볍게 문을 노크한 뒤 안으로 들어섰다. 의자에 앉아있던 40대 초반의 남자가 그를 보며 일어서고 있었다. 말쑥한 정장 차림의 이 남자가 그 유명한 멜랑주 박사였다.

"구텐 탁!"

"구텐 탁!"

"훈트 사장님이신가요?"

"네, 그렇습니다."

박사가 옷자락을 여미며 손을 내밀었다. 훈트는 가볍게 그와 악수했다. 순간 머릿속으로 참 쾌활하고 힘찬 사람이라는 생각이 스쳤다.

"이쪽으로 앉으십시오. 차 한잔하시겠습니까?"

"아닙니다, 방금 마셨습니다."

멜랑주가 권하는 등받이 높은 의자에 앉으며 훈트가 먼저 말문을 열었다.

"들어오다 보니까 예수가 인류 최고의 유머리스트라고 적혀 있더군요."

"그렇습니다, 우리가 알고 있는 근엄하고 범접하기 어려운 예수의 모습은 편견에 사로잡힌 것이라 할 수 있습니다."

"그런가요? 제가 교회를 다니진 않지만, 예수가 유머스럽다는 소린 들어본 적이 없는 것 같은데요."

멜랑주 박사는 잠깐 침묵을 지키다가 입을 열었다.

"훈트 사장님, 유머 감각을 높이러 여기 오신 거죠?"

"예, 제가 유머가 없으니 가정이나 직장에서 인기가 없나 싶어서요."

"여기 오시는 분들 모두 사장님과 비슷한 이유로 저를 찾으시는 거랍니다."

박사는 알 듯 말 듯 한 미소를 지으며 지그시 훈트를 바라보았다.

"그런데, 훈트 사장님! 사장님께서는 유머 감각이 뭐라고 생각하십니까?"

'흠, 이렇게 시작하나 보지?'

훈트는 단도직입적인 그의 질문에 잠깐 말문이 막혔다.

"글쎄요…. 그냥, 남을 웃기는 능력 아닙니까?"

"그것도 물론 틀린 대답은 아닙니다. 그러나 사장님께서는 단순히 다른 사람들을 웃기고 싶은 건 아니시잖습니까?"

훈트는 말없이 고개를 끄덕였다.

'그건 그렇지. 이제 와서 코미디언이 될 것도 아니고….'

"결론부터 말씀드리자면, 제가 목표로 하는 유머 감각은 바로 예수를 벤치마킹하는 것입니다."

"네? 그런데 예수를 롤 모델로 하다면 오히려 더 근엄해지는 건 아닌가요? 유머라는 게 코미디언처럼 좀 실없어 보이기도 하고, 뭐 그래야 하는 거 아닌지요?"

"하하하! 예수는 코미디언도 아니었지만 그렇게 근엄

하기만 한 분도 아니랍니다. 간단히 말씀드리자면 예수는 차원 높은 유머 리더십을 지니셨던 분이지요."

"유머 리더십이요? 그건 더 모르겠군요. 저도 성경을 잠깐 들여다본 경험이 있습니다만, 예수가 우스꽝스러운 말이나 행동을 한 대목은 보지 못한 것 같군요. 제가 안 읽은 부분에 유머가 있었나요?"

"아닙니다, 훈트 사장님께서 읽은 부분에도 분명 예수의 유머가 있었을 겁니다. 다만 성경 기록자들이 유머의 요소를 배제하고 말씀의 핵심만 기록했기 때문에 유머러스한 대목이 성경에서 자취를 감춘 것뿐이지요."

"그렇습니까? 사실 처음에 인류 역사상 최고의 유머 감각 소유자가 예수라는 문구를 봤을 땐 오히려 예수야말로 역사상 최고로 심각하고 진지하게 살았던 인물이 아닌가 하는 생각이 스쳤습니다."

"그렇게 보시는 것도 무리는 아니지요. 대부분의 사람이 예수는 신성하고 거룩하면서도 슬픔의 인물이라는 이미지를 갖고 있을 테니까요."

"그건 그렇고…."

첫 대면의 긴장이 풀리자 훈트가 분위기를 전환하려

는 듯 두 손을 깍지 낀 채 뒤통수로 가져가 기지개를 켜며 말했다.

"유머를 배우는 데 예수가 그렇게 중요한가요?"

"제 교육의 핵심이라 할 수 있습니다."

멜랑주 박사도 그를 따라서 두 손을 깍지 낀 채 뒤통수로 갖다 대더니 이내 자세를 바로잡으며 진지한 표정으로 말했다.

"이제 훈트 사장님께서는 예수, 곧 인류 최고 유머리스트의 삶의 방식을 체험하시게 될 겁니다. 유머 능력을 개발하는 훈련은 그 뒤에 본격적으로 시작할 거고요. 자, 이쪽으로 오십시오."

초광속 엘리베이터 휴머신

벽에는 벽난로 같기도 하고 캐비닛 같기도 한, 사람 키 정도 되는 문이 나 있었다. 처음 사무실에 들어왔을 때 에어컨이 설치된 공간처럼 보였던 문이다. 박사는 그 문 앞에 서서 연극배우라도 되는 양 목소리를 높여 말했다.

"이제 우리는 2천 년 전 예루살렘으로 갈 겁니다. 훈트 사장님, 정신 바짝 차리십시오!"

"예? 잠깐만요! 그게 도대체 무슨 소린가요?"

훈트가 의아해하는 반응을 보이자 박사는 더욱 진지한 표정으로 얘기했다.

"말 그대로입니다. 이제 우리는 2천 년 전 예수께서 말씀을 전파하시던 예루살렘으로 직접 가보게 됩니다."

"하하하! 그럼 뭐, 타임머신이라도 탄다는 말인가요?"

훈트가 폭소를 터뜨렸다. 하지만 박사의 표정에는 아무런 변화가 없었다.

"비슷합니다. 우리가 지금부터 타게 될 엘리베이터는 '휴머신Humachine'이라는 일종의 타임머신으로, 빛보다 빠른 속도로 움직이는 초광속 엘리베이터입니다. 이 문을 열고 엘리베이터에 들어선 순간, 우리는 시공을 초월하여 원하는 시간과 장소로 이동하게 될 겁니다. 어떻습니까? 함께 갈 준비가 되셨나요?"

훈트는 가볍게 한숨을 내쉬며 어깨를 으쓱했다. 역시 유머의 대가라는 생각이 절로 들었다. 하지만 멜랑주 박사는 가볍게 미소만 지을 뿐 더는 말이 없었다. 이윽고 엘리베이터 문이 열렸다. 훈트는 박사를 따라 말없이 그 안으로 걸어 들어갔다.

"인간은 다른 사람의 마음에 박힌
숨은 보석을 캐낼 줄 알아야 합니다."

시작의 계단

✦

이해와 맞춤

엘리베이터 안은 밖에서 보던 것보다 훨씬 넓었다. 천장도 다른 건물보다 높아서 정말 무슨 타임머신이라도 탄 듯한 기분이 들었다. 멜랑주 박사는 문 옆에 설치되어 있는 모니터 화면을 누르며 말했다.

"자, 맨 먼저 가볼 곳은 서기 30년, 고대 이스라엘의 갈릴리 지방입니다."

 모니터에 'A.D. 30년, 이스라엘 갈릴리'가 입력되자, 박사는 그 옆에 부착된 투명한 아크릴 뚜껑을 열고 안쪽의 보라색 단추를 눌렀다. 엘리베이터는 이내 '윙-'

하는 소리를 내며 움직이기 시작했다. 고속 엘리베이터를 탔을 때처럼 몸이 위로 솟구치는 느낌이 들었다.

훈트는 자세를 바로잡으며 모니터와 멜랑주 박사의 얼굴을 번갈아 쳐다봤다. 모니터의 숫자가 오늘 날짜에서 목표 시각인 A.D. 30년을 향해 빠르게 줄어들기 시작했다.

"이걸 귀에 끼십시오."

박사가 초소형 보청기같이 생긴 물건을 하나 내밀었다.

"이게 뭐죠?"

"다국어 통역기입니다. 예수 시절 유대인들이 사용하던 히브리어와 헬라어를 독일어로 바꿔주는 장치죠."

"아!"

훈트는 고개를 끄덕이고 말없이 통역기를 귀에 꽂았다. 기왕 이렇게 되었으니 멜랑주 박사가 이끄는 대로 따라가 보자는 생각이었다.

박사는 엘리베이터 한쪽에 있던 캐비닛에서 기다란 튜닉_{소매가 없고 원피스처럼 생긴 고대 로마인 복장} 스타일의 하얀 망토를 두 개 꺼내 그 중 하나를 훈트에게 건넸다.

"입고 있는 옷을 다 벗고 이걸 걸치십시오."
"예? 옷을 다 벗으라고요?"
박사는 훈트의 질문이 채 끝나기도 전에 훌훌 옷을 벗기 시작했다.
"시공時空이 다른 곳에서는 우리의 맨몸만 자유롭게 활동할 수 있습니다. 이 망토처럼 특수 제조된 물건 외에는 가져갈 수 없습니다."
멜랑주 박사는 익숙한 동작으로 옷을 갈아입었다. 사우나가 아닌 곳에서 낯선 사람과 함께 옷을 갈아입자니 좀 민망했지만, 박사가 워낙 자연스럽게 행동하므로 훈트도 엉겁결에 그를 따라 옷을 갈아입었다. 두 사람 모두 홑이불 같은 가운을 걸쳤는데, 마치 어릴 때 이불에 지도를 그린 오줌싸개 같다는 생각이 들어 저도 모르게 웃음이 나왔다. 그러고 보니 중동 아랍인들의 전통 복장 같기도 했다.

모니터에 입력된 시간은 어느덧 서기 30년 3월 7일

에 다가가고 있었다. 시간이 11시 44분이 되자 경쾌하고 요란한 음과 함께 엘리베이터 문이 열렸다.

산상수훈

순간, 강렬한 빛이 엘리베이터 안으로 쏟아져 들어왔다.
"앗!"
갑작스러운 변화에 놀라며 훈트는 두 손으로 눈을 가렸다.
"아차, 깜박했군요! 이걸 쓰십시오."
멜랑주 박사가 선글라스를 내밀었다. 그는 벌써 검은색 선글라스를 쓰고 있었다. 훈트는 미간을 찌푸리며 그것을 받았다.
"진작 주시지…."

맨몸에 하얀 망토를 뒤집어쓰고 검은 선글라스를 낀 두 사람은 낯설고 이국적인 곳으로 걸어 나왔다. 눈앞에 펼쳐지는 풍경은 영락없는 고대 이스라엘 갈릴리 지방이었다. 이게 꿈인지 생시인지 몰라 어리둥절해 하던 훈트는 순식간에 온몸을 엄습해 오는 뜨거운 열기에 정신이 확 들었다.

"이건 뭐죠? 여긴 정말 이스라엘 땅인가요?"
하지만 박사는 훈트의 반응에는 무신경한 채 앞장서서 걷기 시작했다.
"자, 이 산에 올라가야 합니다. 서두르세요."
영문도 모른 채 뒤따라가던 훈트는 몇 걸음도 채 못 가서 숨이 턱까지 차올랐다.
'하악, 하악, 헉….' 숨소리가 거칠어지며 땀이 비 오듯 흘러내렸다. 두 사람은 땡볕을 온몸으로 받으며 나무도 거의 없는 산을 한참 올라갔다.
훈트는 이 황당하고도 영문을 알 수 없는 일에 연신 고개를 갸웃거리며 질문을 쏟아냈지만, 가쁜 숨에 밀려 말도 제대로 못 할 지경이었다. 그렇게 중턱쯤 오르자 고대 이스라엘 복장을 한 사람들이 하나둘 산에 오르는 모습이 눈에 들어왔다.

"서두르세요. 벌써 집회가 시작된 모양입니다."

멜랑주 박사는 걸음을 빨리하며 훈트를 재촉했다.

"아이고, 헉!헉! 힘들어 죽겠습니다. 요즘 무릎도 안 좋아 병원에 다니고 있는데, 헉!헉!헉! 난데없이 이게 무슨 일입니까?"

그는 불평을 늘어놓으면서도 행여나 박사를 놓칠세라 죽을힘을 다해 따라갔다. 정상에 가까워지자 떠들썩한 사람들 웃음소리가 들려오기 시작했다. 이윽고 발밑으로 시원한 풍광이 펼쳐지는 능선에 올라서자, 저만치 수백 명의 사람이 모여 앉아 있는 것이 보였다. 훈트는 박사를 따라 군중 가까이 다가갔다. 무리 가운데 한 남자가 서서 얘기하고 있었는데, 그의 말 한마디 한마디에 사람들이 웃음을 터뜨리고 있었다. 그 소리가 어찌나 큰지 산이 다 흔들리는 듯했다.

"비판받지 않으려거든 비판하지 마시오. 한 남자가 자기 형제의 눈 속에 든 티끌을 보고 말했소. '야! 이 한심한 친구야. 너는 눈에 티끌 들어 있는 것도 안 보이냐? 내가 빼줄게.' 그러자 이 말을 들은 상대방이 '좋아,

그렇지만 먼저 할 일이 있어.' 하고 말했소. '뭔데?'라고 남자가 묻자 그가 대답했소. '네 눈 속의 통나무부터 빼고!'"

"하하하!"

"깔깔깔!"

사방에서 웃음이 터져 나왔다. 남자는 그 소리가 잦아들기를 기다렸다가 다시 이야기를 이어갔다.

"어찌하여 형제의 눈 속에 든 티끌은 보면서 자기 눈속의 들보는 깨닫지 못하는 것이오? 먼저 자신의 눈 속에 박힌 기둥부터 빼내시오. 그 뒤에야 밝히 보고 형제의 눈 속에서 티끌을 뺄 수 있을 것이오."

군중들 틈에 섞여서 이야기를 듣고 있던 훈트가 멜랑주 박사를 향해 속삭였다.

"박사님, 그런데 저 남자, 굉장히 낯익은 얼굴인데요?"

"저분 모릅니까? 저분이 바로 그 유명한 예수 아닙니까!"

"네?"

"쉿! 조용히 더 들어보십시오."

훈트는 놀란 입을 다물지 못하고 예수에게 시선을 돌렸다. 예수가 다시 입을 열었다.

"나는 여러분에게 이렇게 말하겠소. 악한 자에게 대적하지 마시오. 누가 여러분에게 겉옷을 달라고 하면 속옷까지 벗어주시오. 속옷을 줄 때는 깨끗이 빨아주어야 주고서도 원망이 없을 것이오."

"하하하!"

사람들은 기다렸다는 듯이 또 웃음을 터뜨렸다.

"또 누가 여러분들에게 5리를 같이 가달라고 부탁하면 10리를 같이 가주시오. 그런데 속옷도 벗어주고 10리도 같이 가줬더니, 그 사람이 갑자기 여러분의 뺨을 때리면 어떻게들 하시겠소?"

"그런 배은망덕한 사람은 혼을 내줘야 해요!"

"줬던 옷들도 모두 도로 빼앗아야 합니다!"

군중들이 소리를 지르자 예수가 고개를 가로저으며 말했다.

"그냥 조용히 다른 쪽 뺨을 돌려대시오. 그리고 말

하시오. '그쪽 뺨만 때리시니 다른 쪽 뺨이 섭섭하답니다.'"

"하하하! 하하하하!"

군중들이 술렁이며 큰 웃음이 터져 나왔다.

'오! 예수가 실제로는 저렇게 생겼구나!'

훈트는 말로만 듣던 예수를 눈앞에서 보고 있다는 사실이 형언할 수 없을 정도로 신기했다. 후세 사람들에게 알려진 것처럼, 예수는 덥수룩한 수염과 구불거리는 긴 머리를 하고 있었다. 하지만 서양인보다 이목구비가 아담하고, 햇볕에 그을린 구릿빛 얼굴은 동양적 이미지가 강하게 느껴졌다. 미소 가득한 얼굴은 보는 사람에게 평안함을 느끼게 했고, 반짝거리는 눈빛은 비범한 광채를 띠고 있었다. 흰색의 겉옷을 입고 있었으며, 그의 얼굴을 환히 비추고 있는 햇빛이 마치 스포트라이트라도 되는 양 신비한 분위기를 자아내고 있었다. 지금 예수가 들려주는 이야기는 훈트도 익히 들어온 내용이었다. 그 유명한 산상 설교가 아닌가 싶었다.

"목숨을 위하여 무엇을 먹을까, 무엇을 마실까, 몸을 위하여 무엇을 입을까 염려하지 마시오. 공중의 새를 보시오. 새가 씨앗을 심습니까?"

"아니요!"

군중의 대답 속에는 즐거운 웃음이 서려 있었다.

"그렇게 하지 않는데도 아버지께서 기르시지 않소? 하물며 새들보다 귀한 여러분을 굶기시겠소?"

"또 무엇을 입을까 염려하지 마시오."

예수는 발밑에 피어 있는 꽃 한 송이를 꺾어 보이며 말했다.

"이 들의 백합화가 어떻게 피어나는가 보시오. 이 또한 아무런 땀도 흘리지 않고 옷감도 안 짜질 않소? 하지만 한 번 자세히 보시오. 이 자태가 얼마나 아름답소? 최고로 호화로운 삶을 산 솔로몬이 이 꽃을 보고 '내게 있는 화려한 옷들이 이 꽃 한 송이보다 못하도다!'라고 탄식한 뒤 자신의 옷을 죄다 발 닦는 데 쓰려고 하였소."

"하하하하!"

"오늘 잠깐 피었다가 아궁이의 불쏘시개로 사라지는 들풀도 이렇게 아름답게 입히시는데, 하물며 여러분이야 두말할 필요 있겠소?"

"아들이 아버지에게 '아빠, 배고파요. 빵 좀 주세요.' 라고 말했소. 그러자 애석하게도 '빵은 없고, 여기 돌이 많구나. 내 사랑하는 아들아! 좀 딱딱하니 이 안 부러지게 조심해서 먹거라!' 하는 아버지가 있겠소?"

"하하하하하! 없습니다!"

"또, '아빠, 생선 먹고 싶어요.'라고 말하는 아들에게 '생선은 무슨 생선! 옜다, 뱀이나 먹어라!' 하고 독사를 던져주는 아버지가 있겠소?"

"깔깔깔깔! 없어요!"

"'달걀 좀 주세요.' 하는 아이에게 전갈을 던져주며 '여기 있다. 달걀!' 하고는 아이가 화들짝 놀라자 '미안하구나. 전갈이 몸을 동그랗게 말아서 달걀인 줄 알았다.'라는 아버지가 있겠소?"

"키득키득, 절대 없습니다!"

군중들이 배꼽을 잡고 웃었다.

"아무리 악한 인간이라 해도 자식에게는 좋은 것을 주려 하거늘, 하물며 아버지께서 구하는 자에게 좋은 것으로 주시지 않겠소?"

에바다굼

　예수의 산상 설교가 끝나자 멜랑주 박사와 훈트는 사람들 틈에 섞여 산에서 내려왔다. 박사는 뭐가 그리 좋은지 싱글벙글 웃는 얼굴이었다.
　"하하하! 우리는 망토만 걸치고 있으니 벗어줄 속옷도 없군요. 어떻습니까? 예수의 설교를 직접 들어보시니."
　"아직도 흥분이 가라앉지 않아서 말도 제대로 안 나옵니다. 지금 예수가 한 말들은 웬만큼 알고 있는 내용입니다만, 저렇게 유머 섞인 예수의 음성으로 직접 들으니 재미도 있고 새롭군요. 정말 끊임없이 웃기시네요."
　훈트의 대답에 박사가 흐뭇한 미소를 지어 보였다.

　"제가 이미 얘기하지 않았습니까. 그런데 훈트 사장님께선 성경은 좀 읽어보셨나요?"
　"글쎄요, 한두 번 읽어보려고 한 적은 있는데 이내 잠들어버리곤 했지요. 솔직히 좀 지루하지 않습니까?"

"하하하! 이해합니다. 이미 말씀드렸듯이 예수가 하신 말씀은 원래 저렇게 유머가 넘쳤습니다만, 성경 기록자들이 핵심 내용만 옮기다 보니 유머러스한 부분들은 거의 사라지고 말았죠."

"그렇군요."

"자, 그럼 다시 시공을 바꾸겠습니다. 저를 따라 하십시오. 에바다굼! A.D. 31 갈릴리!"

"에바…, 뭐라고요? 에바는 제 조카 이름인데…."

"'에바다굼'입니다, 에바다굼. 에바다$_{Ephphatha}$는 '열려라', 굼$_{Cumi}$은 '일어나다'라는 뜻으로 고대 유대인들이 쓰던 아람어죠."

"아, 어렵네요."

"한 마디로 기적이 열리고 또 일으키라는 뜻입니다."

"아, 예! 에바다굼!"

"다시 따라 하십시오. 에바다굼! A.D. 31 갈릴리!"

"에바다굼! A.D. 31 갈릴리!"

어느새 그들은 다시 휴머신 안에 들어와 있었다.

두 사람은 시공을 초월하여 예수가 말씀을 전파하는

다른 곳으로 날아갔다.

"어떻게 한 거죠? '에바다굼'이 주문인가요?"

"한 시공에서 다른 시공으로 때와 장소를 옮길 때는 음성인식 리모컨으로 휴머신을 작동시킵니다. 휴머신을 작동시키는 음성명령이 '에바다굼'인 것이죠."

"아, 그렇군요. 그런데 리모컨은 어디 있죠?"

훈트가 박사의 손을 들여다보며 물었다.

"지금 입고 계시잖아요!"

지저스 유머리스트

사람들은 예수를 중심으로 구름같이 모여 있었고, 예수는 얼굴 가득 미소를 머금은 채 이야기하고 있었다.

"한 부자가 있었소. 어느 해, 풍년이 들어 많이 수확하자 그는 속으로 생각했소. '곡식 쌓아둘 곳이 없으니 어떻게 한다? 그래! 이렇게 하자.' 그는 작은 창고를 헐어버리고 거기에 큰 창고를 지어 곡식과 물건을 쌓아두었소. '자, 이제 몇 년 동안 먹을 곡식과 물건을 가득 쌓아두었으니 앞으로는 편히 쉬면서 놀고먹으며 즐기자!' 하고 혼자 흐뭇해했소."

사람들은 기대에 찬 눈빛으로 예수를 바라보았다.

"그런데 이 사람, 그날 밤 자다가 ………………… 죽어버렸소."

"푸하하하!"

"키득키득!"

사람들은 배를 잡고 웃어댔다.

"심장마비였던 거요. 하나님은 '어리석은 자야, 오늘 밤 네 영혼을 내가 도로 찾아갈 것이니 그리되면 네 모든 것이 누구 것이 되겠느냐?' 말씀하셨소. 자신을 위해 재산을 쌓아두고 하나님께 인색한 사람은 이 어리석은 부자와 다를 바 없소."

사람들은 모두 자신을 돌아보며 고개를 끄덕였다. 예수는 또 새로운 이야기를 이어갔다.

"어떤 사람이 한밤중에 친구를 찾아가서 '친구야, 빵 세 개만 빌려다오. 내 친척이 여행 중에 갑자기 나를 찾아왔는데, 내가 대접할 게 아무것도 없구나.'라고 말했소. 그러자 그 친구는 속으로 '아, 저 친구 오밤중에 찾아와서 난리네.' 하고 문도 열어주지 않고 대답하기를 '친구야, 대문을 이미 단단히 걸어 잠갔고, 나와 가족들은 이미 잠자리에 들었으니 너에게 빵을 줄 수가 없구나.'라고 말했다면, 그건 친구의 도리가 아닐 것이오."

사람들은 가벼운 웃음으로 예수의 이야기를 기다렸다.

예수는 잠시 뜸을 들인 후 능수능란하게 말을 이어나갔다.

"그 친구는 부스스 일어나 문을 열어주고 부탁한 대로 빵도 주었소. 자, 그럼 이 친구는 한밤중에 찾아온 사람의 부탁을 왜 들어주었겠소? 진정한 친구이기 때문에? 불쌍해서? 다 아니오."

예상이 빗나가자 사람들은 갸우뚱거렸다.

"이 친구가 빵을 준 이유는 ……………………… '달라'고 하니까 준 것이오."

"깔깔깔깔!"

모두 배꼽을 잡고 웃었다. 뜻밖의 대답에 훈트와 멜랑주 박사도 웃음을 터뜨렸다.

"아주 간절히 달라고 하였지요. 그러니 이제 여러분들에게 말하겠소. 구하시오, 그러면 여러분에게 주실 것이요. 찾으시오, 그러면 찾을 것이요. 문을 두드리시오, 그러면 여러분에게 열릴 것이니, 구하는 사람마다 받을 것이요, 찾는 이가 찾을 것이요, 두드리는 이에게 열릴 것이오!"

박사가 훈트의 안색을 살폈다.

"보십시오. 예수는 저렇게 재치 있는 유머로 청중들을 끌어들였습니다."

"그렇군요. 그런데 저렇게 재미있는 일화들을 다 어디서 구했을까요? 저 때는 책도 별로 없던 시대 아닙니까? 요즘 우리들이야 인터넷만 뒤져도 쉽게 유머를 구할 수 있지만요."

"지금은 유머가 흔하지만 아무 유머나 갖다 쓸 수 있는 건 아닙니다. 예수는 크게 두 가지 자격을 갖춘 유머만 사용하셨습니다." 멜랑주 박사의 말에 훈트가 고개를 갸웃거렸다.

"자격을 갖춘 유머라고요? 유머에도 자격이 있습니까?"

"그렇습니다. 유머는 전하고자 하는 메시지와 주장을 뒷받침해줄 수 있는 근거가 연관되어야 합니다. 무엇보다 음담패설이나 욕설을 담은 저속한 유머는 자격 미달이지요. 예수는 이 두 가지 조건에 맞는 유머만을 썼습니다. 한마디로 품위 있는 유머들이죠."

"허허, 참! 내 주위 사람들은 음담패설 아니면 유머로 취급도 안 하는데…."

"예수가 거룩한 설교 중에 음담패설을 한다고 상상해 보십시오. 가당키나 한 얘깁니까?"

이때 한 서기관이 물었다.

"선생님, 모든 계명 중에 가장 중요한 것이 무엇인지요?"

예수는 이 서기관을 지그시 바라보더니 입을 열었다.

"첫째는 이것이니 '우리 주 하나님은 유일한 주이시니 네 마음을 다하고 목숨을 다하고 뜻을 다하고 힘을 다해 너의 주님을 사랑하라.' 하신 것이요, 둘째는 '네 이웃을 네 몸과 같이 사랑하라.' 하셨으니 이보다 더 큰 계명이 없을 것이오."

서기관이 고개를 끄덕이며 맞장구를 쳤다.

"옳습니다, 선생님! '하나님은 한 분이시요, 그 외에 다른 이가 없다.' 하신 말씀이 맞습니다. 또 마음을 다하고 지혜를 다하고 힘을 다하여 주님을 사랑하는 것과 또 이웃을 자기 자신과 같이 사랑하는 것이 모든 제사로 드리는 예물보다 낫습니다."

예수가 이 말을 듣고 빙그레 미소를 띠고는 사람들을 둘러보며 말했다.

"이 사람이 하나님 나라에서 멀지 않구먼!"

사람들이 서로 얼굴을 마주 보며 웃었다.

"수고하고 무거운 짐 진 사람들이여, 다 내게로 오시오. 내가 여러분을 쉬게 할 것이오. 나는 마음이 부드럽고 겸손하니 내 멍에를 메고 내게서 배우시오. 당신들의 마음이 쉼을 얻을 것이오. 내 멍에는 쉽고 내 짐은 가볍소."

그리고는 이렇게 덧붙였다.

"내가 목수 출신 아니오? 내가 멍에 하나만은 정말 끝내주게 만들던 목수였소. 그러니 내 멍에는 참으로 믿어도 좋소."

사람들은 예수의 한마디 한마디에 웃음을 터뜨렸다.

투명 인간

예수가 발길을 옮기자 제자들이 그 뒤를 따랐다. 멜랑주 박사도 그들을 따라가다가 훈트를 돌아보았다.

"왜 안 오십니까?"

훈트는 놀란 얼굴을 하며 가볍게 손을 저었다.

"멜랑주 박사님! 지금까지야 우리가 군중들 사이에 섞여 있었으니 이 사람들이 우리를 못 알아봤지만, 저렇게 예수와 제자들 몇 명만 가는 자리에 쫓아가면 우리 보고 뭐라 할 것 아닙니까?"

"아, 그걸 말씀드리지 않았군요. 지금 이 시각, 이 장소의 사람들은 우리와 시공이 서로 다르기 때문에 우리의 존재를 인식하지 못합니다. 그러니까 TV를 볼 때 거기 등장하는 사람들은 우리의 존재를 인식하지 못하는 거나 같은 이치입니다. 하지만 우리는 이 사람들을 볼 수도 있고 소리를 들을 수도 있고 냄새도 맡을 수 있으며 심지어 만질 수도 있습니다."

"그렇다면 가상현실 같은 건가요?"

"아닙니다. 지금 우리가 보고 있는 시공은 2천 년 전 실제로 존재했던 예루살렘이기 때문에 가상현실과는 근본적으로 다릅니다. 일단 이 정도만 알아두시고 예수 일행을 따라가 봅시다."

"그렇다면 두 가지 의문이 또 생기는데요?"

훈트는 박사를 따라 걸으며 말을 이었다.

"아까 산에서 예수가 설교할 때 왜 내게 '쉿!' 하고 조용히 하라고 하셨나요? 어차피 우리가 여기서 무슨 짓을 해도 저들은 못 알아본다면서요?"

"아, 그거요. 그때는 사장님께서 중요한 말씀을 못 들으실까 그랬던 거죠. 그리고…."

멜랑주 박사는 잠깐 말을 끊고 머뭇거렸다.

"그리고요?"

훈트가 재촉했다. 박사는 마지못해 말을 이었다.

"이건 좀 창피한 얘기입니다만, 아직 휴머신의 기능이 완전하지 못해서 우리가 과도하게 언성을 높이거나 지나친 동작을 가해 지금 와 있는 이 시공간에 강한 자극을 주면 휴머신에 이상 작동이 일어날 수도 있습니다. 그러니까 본래 우리의 시공 좌표, 즉 실제 독일의 베를린과 지금 와 있는 이곳의 시공 좌표, 서기 31년 갈릴리가 시공간의 혼선을 빚게 되어 이곳 사람들이 우리의 존재를 알아보는 경우가 가끔 생긴다는 말입니다."

"뭐라고요? 그럼 휴머신이 고장 나서 본래 우리의 시공으로 못 돌아갈 수도 있는 건가요?"

"아, 그 점은 전혀 걱정하지 마십시오. 그런 일은 없을 겁니다. 단지 시공간 좌표상의 혼선이 가끔 일어난다는 얘기고, 설혹 그런 일이 생기더라도 곧바로 회복되니까요. 그리고…."

박사는 훈트의 안색을 살피며 짓궂은 미소를 지었다.

"우리 시대로 당장 못 돌아가면 좀 어떻습니까. 여기

서 한 2천 년만 느긋하게 기다리다 보면 다시 돌아올 텐데요."

"뭐라고요?"

훈트는 눈이 동그래졌지만 이내 농담임을 깨닫고 한마디 보탰다.

"하하하! 그러면 되겠네요. 2천 년 동안 땅이나 미리 사두는 거죠, 뭐. 베를린의 반제 호수 부근, 뉴욕 메디슨 애비뉴, 파리 샹젤리제, 런던 옥스퍼드 스트리트, 그리고…, 서울 강남."

"하하하! 역시 사업하시는 분이라 생각의 결이 다르군요. 자, 서두르세요. 잘못하다간 예수 일행을 놓치겠어요."

그들은 감람산에 자리를 잡았다.

제자들이 심판의 날의 징조에 대해 묻자 예수가 대답했다.

"그날과 그때는 아무도 모른다. 하늘의 천사들도 아버지의 아들도 모르고, 오직 아버지만이 아신다. 노아의 때처럼 인자인자: 예수 자신을 가리킴의 재림도 그러할 것이다.

홍수가 임박하여 노아가 방주에 들어가던 날까지 사람들은 먹고 마시고 장가들고 시집가고 있었지만, 홍수가 나서 그들을 다 멸망시킬 때까지 깨닫지 못하였으니, 인자의 재림도 이와 같을 것이다. 그러므로 깨어 있어라. 어느 날에 너희 주님이 올지 너희가 알지 못한다. 자 이제 대답해봐라. 인자가 어떻게 올 것 같으냐?"

제자들 몇 명이 대답했다.

"온 세상의 주인이시고 왕 중의 왕이시니 천사들의 나팔소리가 온 세상에 울려 퍼지며 주님이 곧 오신다는 것을 널리 알리면, 주님을 맞으러 나온 세상 모든 사람이 우러러보는 가운데 장엄하게 오실 것입니다."

예수가 머리를 가로저으며 말했다.

"틀렸다. 자, 봐라. 나는…."

예수가 갑자기 목소리를 낮췄다.

"도적같이 올 것이다."

예수의 대답을 기다리던 제자들이 너무 황당해서 웃음을 터뜨리더니 물었다.

"도적이요? 주님께서 도적이라니 그게 무슨 말씀이십

니까?"

"도적이 남의 집에 들어갈 때 '나 내일 새벽 3시에 당신 집에 갈 것이니 준비하고 계시오.' 하고 집주인에게 알려주고 가겠느냐? 만일 집주인이 어느 시각, 어느 때 도적이 올 줄 미리 안다면 깨어 있어 그 집을 침입하지 못 하게 할 것이다. 그러니 너희도 준비하고 있어라. 생각지 않은 때 인자가 올 것이다."

'애들의 날' 현상

"심판의 날이라고 하면 인류 최후의 날 얘기 아닌가요? 심각한 주제인데도 예수는 역시 유머를 사용하고 있네요."

"저 정도는 약과입니다. 예수는 최악의 상황에서도 유머를 놓지 않으셨거든요."

"참! 아까 정신이 없어 물어보지 못했는데, 예수는 우리의 존재를 알아차리지 않을까요? 저분은 초월적인 존재잖습니까? 더군다나 이렇게 사람도 몇 명 없는 한적

한 곳에서 우리가 이렇게 가까이 있지 않습니까? 아까부터 우리 쪽으로 얼굴을 돌리는 느낌이 자꾸 들어 섬뜩했습니다."

"솔직히 저도 그걸 잘 모르겠습니다."

멜랑주 박사의 대답에 훈트가 깜짝 놀라며 물었다.

"네? 모른다고요? 그럼 예수가 우리를 알아볼 수도 있다는 말인가요?"

박사가 다시 입을 열었다.

"이론적으로는 예수도 이 시공에 속한 분이니 모르는 게 맞을 텐데, 워낙 시공을 초월하시는 분이라…, 하여튼 제가 그동안 이곳에 수도 없이 들렀지만, 지금까지 한 번도 우리의 존재를 의식한 눈치를 보이시진 않았습니다. 알면서도 모르는 척하시는 건지, 아니면 정말 모르는 건지 전혀 알 수가 없습니다. 그리고 한 가지 더 주의사항이 있습니다."

"또 뭡니까?"

훈트는 뭐가 이렇게 주의할 것도 많고 복잡한가 하는 생각이 들어 짜증 섞인 어조로 물었다.

"새로운 시공에서 활동할 때는 절대 두려움과 슬픔 그리고 분노를 갖지 마십시오. 우리 몸은 두려움이나 공포 또는 슬픔, 분노를 느끼게 되면 아드레날린이라는 스트레스 호르몬을 분비합니다."

"그건 저도 압니다. 아드레날린이 분비되면 건강을 해친다는 얘기죠?"

"물론 건강에도 나쁩니다만, 여기선 그게 문제가 아닙니다. 아드레날린이 분비되면 이 시공의 사람들이 우리를 볼 수 있게 됩니다. 그 원인은 지금 연구 중입니다만, 아무튼 우리끼리는 이런 현상을 '애들의 날' 현상이라고 부릅니다. 마치 아이들이 뛰어 놀면 어른들의 시선을 끄는 것이나 마찬가지죠."

'애들의 날? 아드레날린에서 나온 말인가? 이름도 참 교묘하군.'

훈트는 혼자 속으로 생각하며 약간 우습다는 듯이 말했다.

"어차피 이 시공 사람들은 우리를 못 알아보는데 두려움이나 공포를 느낄 일이 뭐가 있겠습니까? 하물며 슬픔을 느낄 일이야 더더욱 없겠죠. 가만! 그럼 박사님은 이전에 그런 감정을 느낀 적이 있다는 얘기인가요?"

멜랑주 박사가 고개를 끄덕였다.

"그렇습니다, 휴머신을 시범 운행할 때 쥐라기로 간 적이 있습니다. 거기서 티라노사우루스에게 밟힐 뻔했던 일이 있었지요. 간신히 피했는데, 이놈이 나를 알아보고 계속 쫓아오는 게 아닙니까. 휴! 정말 큰일 날 뻔했지요."

그는 그때의 공포가 되살아나는 듯 가슴을 쓸어내렸다.

"자, 이제 시공을 다시 바꾸겠습니다. 에바다굼! 서기 31년 나인!"

훈트는 잠시 눈을 감았다가 떴다. 어디선가 사람들이 웃고 떠드는 소리가 들려오고 있었다.

"음, 아주 맛있는 냄새가 나는군요! 저기 떠들썩한 집에서 나는 것 같은데요?" 훈트의 말에 박사가 대꾸했다.

"함께 들어가 보시죠. 예수도 이 잔치에 초대받았으니까요."

박사를 따라 집 안으로 들어가니, 잔치에 초대받은 사

람들이 서로 상석에 앉으려 경쟁을 하고 있었다.

이를 보고 예수가 제자들에게 말했다.

"너희들은 결혼 잔치에 초대받았을 때 상석에 앉지 마라. 만일 너희가 윗자리에 앉아 있는데 더 높은 사람이 오면 잔칫집 주인이 너희더러 '이분께서 그 자리에 앉아야 하겠습니다. 좀 양보해주시지요.' 할 것이다. 그러면 너희는 맨 끝자리로 가게 될 것이다."

이때 한 제자가 물었다.

"주님, 상석에서 밀려나더라도 그 옆자리로 옮기면 되지 어찌하여 맨 끝자리로 가야 합니까?"

"창피해서 몸 둘 바를 모르게 되어, 아무도 안 보는 자리로 도망가게 된다는 것이다."

예수가 웃으면서 대답하자 제자들도 웃음을 터뜨렸다.

"초대를 받았을 때는 차라리 말석에 앉아라. 그러면 잔칫집 주인이 너희를 보고 '아이고, 귀하신 분이 거기 앉아 계시면 어떻게 합니까? 어서 이리로 올라오시지요.' 하게 될 것이다. 그러면 사람들이 너희를 보고 '이야, 그 사람 참 겸손하네.' 하고 우러러볼 것이고, 너희는 어깨가 으쓱해질 것이다. 모름지기 자신을 높이는 자는 낮아지고 자신을 낮추는 자는 높아질 것이다."

그때, 잔칫상을 뚫어지게 쳐다보던 훈트가 군침을 흘리며 말했다.

"마침 배도 고픈데 좀 먹어도 될까요? 음식 냄새 때문에 못 참겠군요. 어차피 저들은 우리를 알아보지도 못하잖습니까?"

훈트가 음식 가까이 다가가자 멜랑주 박사가 기겁하며 손을 내저었다.

"으악! 큰일 납니다, 그러지 마세요. 그렇게 되면 서로 다른 두 시공이 완전히 겹쳐지기 때문에 훈트 사장님이 성경에 나올 수도 있어요. '예수께서 한 잔칫집에 초대받았을 때 낯선 이방인이 갑자기 '펑!' 하고 나타나 음식을 마구 집어 먹었다.'라고 말이에요."

"아, 알겠습니다. 그나저나 맛있는 음식을 코앞에 두고 먹을 수 없으니 배가 더 고파지는군요."

"많이 시장하신 것 같으니 오늘은 그만 돌아가도록 하죠."

그렇게 훈트의 첫 번째 시공 여행이 막을 내렸다.

어부의 언어

"구텐 탁! 멜랑주 박사님."

"구텐 탁! 훈트 사장님. 어젯밤에는 잘 주무셨습니까?"

"아이고, 말도 마십시오. 머리털 나고 그런 경험은 정말 처음입니다. 너무나 충격적이어서 지금도 제가 꿈을 꾸고 있는 건 아닌지, 제 팔을 꼬집어보면서 오는 길입니다."

"이해합니다. 어쨌거나 이 과정은 훈트 사장님이 개발하고 싶어 하는 유머 감각과 화법의 롤 모델로서 예수 그리스도의 유머를 체험하는 것이라는 점만 기억하시기 바랍니다. 자, 이제 또 시공 여행을 떠나볼까요?"

"예, 그러시죠."

"참! 오늘 식사는 충분히 하고 오셨겠지요?"

"너무 먹어서 숨도 못 쉴 지경입니다."

"하하하! 자, 그럼 가시죠. 에바다굼!"

"바닷가네요! 비린내가 코를 찌르는군요!"
"예수와 그의 수제자 베드로가 처음으로 만나는 곳입니다. 저기, 예수가 해변을 거닐고 있군요."
예수는 베드로와 그 형제 안드레가 바다에 그물 던지는 것을 보고 그들에게 다가갔다.
"물고기는 많이들 낚았소?"
"오늘은 별로 안 잡히네요."
예수의 질문에 베드로가 퉁명스럽게 대답했다.
"여기서 물고기를 잡은 지 오래되었소?"
베드로와 안드레는 힐끗 예수를 돌아보곤 다시 그물을 손질하며 대답했다.
"우리는 태어나서 지금까지 평생 물고기만 잡아왔소."
"그렇다면 물고기 낚는 실력은 끝내주겠군요."
"그렇소, 물고기 낚는 데는 우리가 이 갈릴리 호수 근방에서 최고라고 자부하오."
베드로와 안드레가 쑥스러운 듯 대답했다.

"훌륭합니다!"

예수가 자신들을 치켜세우자 두 사람의 목소리에서 낯선 이에 대한 경계심이 다소 누그러졌다.

"그런데 선생은 우리에게 뭘 원하시오?"

"물고기를 잘 낚으시는 두 분, 나를 따라오시오. 이제부턴 사람 좀……………………………………………………… 낚아 보시오!"

"네? 뭐라고요? 물고기가 아니라 사람을 낚으라고요? 푸하하하!"

베드로와 안드레는 유쾌한 웃음을 터뜨렸다.

그들은 예수의 말이 알 듯도 하고 모를 듯도 했지만, 그에 대한 신뢰감이 용솟음치는 것을 느꼈다. 그리고 무슨 일이며 보수는 있느냐는 식의 자질구레한 질문도 하지 않고 앞장서 가는 예수의 뒤를 말없이 따라갔다. 수십 년간 사용해온 그들의 배와 그물을 놔둔 채…. 오후의 갈릴리 호숫가에 작렬하는 태양 빛 아래 번쩍거리며 팔딱거리는 물고기들조차 내버려둔 채….

훈트는 멜랑주 박사를 쳐다보았다.

"방금 예수는 베드로와 안드레에게 그들이 알아들을 수 있는 어부의 언어로 할 일을 말해 준 것입니다."

하지만 훈트는 연신 고개를 갸웃거리며 말했다.

"그들의 사역을 자세하게 차근차근 설명해주는 편이 낯선 일을 시작하는 사람들에겐 더 낫지 않았을까요? 그게 원칙이고…."

"아닙니다, 베드로와 안드레는 어부입니다. 게다가 평생 글 한 줄 읽어본 적 없는 무식한 사람들이죠. 그들에게 생전 듣도 보도 못한 복음을 전하라, 말씀을 증거하라는 식으로 사역을 설명해봐야 이해는커녕 오히려 지루하게 느꼈을 겁니다. 새 일에 대한 흥미는커녕 두려움마저 가졌겠지요. 예수가 사용한 유머는 어부인 그들과 예수 사이의 간극에 공감대를 형성시켰습니다. '내가 하던 일과 비슷하면서도 뭔가 새롭고 도전해볼 만한 일인가 보구나.' 하는 막연하나마 자신감과 흥미를 갖게 한 것이죠. '낚는 일'만큼은 전문가들 아닙니까? 게다가 함께한 웃음은 서로에 대한 신뢰감과 친밀감을 형성시켜주지요."

박사의 장황한 설명을 잠자코 듣고 있던 훈트가 한마디 했다.

"박사님은 마치 베드로의 마음속에 들어가 본 것처럼 말씀하시네요."

훈트의 지적에 멜랑주 박사가 흠칫 놀라는 표정을 지었다.

"아, 뭐…, 꼭 그런 건 아니고…. 유머를 연구하다 보면 사람에 대한 심리분석을 좀 깊이 하게 되니 그렇게 보이는 모양입니다. 하하!"

박사의 어색한 웃음소리를 듣고 있자니, 훈트는 자신의 말에 그가 유난히 당황한다는 생각이 들었다.

"자, 이제 다음 시공으로 가보시죠."

멜랑주 박사가 서둘렀다.

잠재능력 각성

예수는 여느 때처럼 제자들에게 둘러싸여 있었다. 베

드로가 예수에게 물었다.

"주님, 형제가 내게 죄를 범하면 몇 번이나 용서해줘야 합니까? 일곱 번까지 용서해줄까요?"

베드로의 질문을 듣고 있던 제자들은 일제히 '어떻게 일곱 번까지 용서를 하냐? 그렇게 상습적으로 용서를 비는 사람이라면 그게 원수지, 형제냐?'라는 표정으로 예수와 베드로를 번갈아 쳐다보았다.

이윽고 예수가 입을 열었다.

"일곱 번씩... 일흔 번이라도 용서해라."

예상 밖의 대답에 제자들은 모두 어이가 없어 웃고 말았다. 한없이 용서하고 포용해야 함을 유머로 가르친 것이다.

이번에는 예수가 제자들에게 물었다.

"너희는 나를 누구라고 생각하느냐?"

시몬 베드로가 대답했다.

"주는 그리스도요, 살아 계신 하나님의 아들이십니다."

예수가 흡족한 얼굴로 베드로에게 말했다.

"바요나 시몬아! 네가 복이 있다. 내가 너에게 천국의 열쇠를 주겠다."

훈트가 어깨를 으쓱하며 멜랑주 박사를 쳐다보았다.

"좀 웃기지 않습니까? 천국에 무슨 현관문이 있는 것도 아닐 텐데 열쇠라니요. 다른 사람을 칭찬할 때, '너, 참 대단하다.', '끝내준다.' 정도로 말하는 것이 보통인데 '천국의 열쇠를 주겠다.'라는 말은 정말 상상도 못한 표현인데요?"

박사가 웃으며 대답했다.

"그러니까 고품격 유머지요. 이런 칭찬은 예수님만의 권위와 유머 감각이 아니고서는 나올 수 없는 표현이랍니다. 그런데 말이죠, 이 말은 말로만 끝나지 않았습니다…."

멜랑주 박사가 뜸을 들이자 훈트가 채근해댔다.

"말로만 끝나지 않았다는 게 무슨 뜻인가요?"

"베드로는 이 유머를 듣고 무한한 기쁨과 형언할 수 없는 자부심을 갖게 되었죠. '내가 천국의 열쇠를 가졌다고? 그래, 그렇다면 정말 천국의 열쇠를 가진 자처럼 그 역할을 다하리라. 그리하여 예수님의 기대에 꼭 부응하리라.' 하는 마음가짐을 갖게 된 겁니다. 실제로 그는 자신의 모든 것을 던져 예수님을 따르는 최고의 제자가 되었고, 예수가 승천한 뒤 그의 복음을 전파하는 핵심 역할을 담당하게 됩니다. 예수의 차원 높은 유머 한마디가 베드로에게 잠재된 무한한 능력을 이끌어낸 것이죠."

"베드로의 활약상은 저도 얼핏 들어 알고 있습니다만, 박사님께서는 이젠 아예 자신이 베드로인 것처럼 말씀하시네요."

멜랑주 박사는 뭔가 들킨 사람처럼 당황하면서 "하하하! 제가 그랬습니까? 그냥 그랬을 것 같다는 말이지요." 하고 얼른 수습하는 눈치를 보였다.

"그나저나 사람들이 왜 이렇게 남을 헐뜯고 비난하는 것만 좋아하는지 모르겠어요."

박사가 다시 진지한 표정을 회복하며 말했다.

"인간은 다른 사람의 마음에 박힌 숨은 보석을 캐낼 줄 알아야 합니다. 제가 알고 있는 어느 부부 얘길 하나

해드리죠."

 한 부부가 있었습니다.
 어느 날 친구를 만나고 들어 온 아내가 부럽다는 듯이 남편에게 말했죠.
 "글쎄, 내 친구는 자기 남편이 자기를 달력이라고 부른대요. 매년 달력처럼 새로워진다나 뭐라나…."
 잠자코 듣고 있던 남편이 대꾸했습니다.
 "그럼 당신은 고전이네?"
 그러자 부인이 눈을 동그랗게 뜨고 말했습니다.
 "내가 그렇게 낡았다는 건가요?"
 남편이 여유롭게 미소로 대답했죠.
 "아니지. 당신은 내게 언제나……………………………… 영원한 감동이거든."
 며칠 후 부인이 300유로가 넘는 명품 브랜드의 남성 속옷을 사왔는데, 남편이 한마디 했습니다.
 "속에 입으면 보이지도 않는 건데 뭘 이렇게 비싼 걸 사왔어?"
 부인이 대답했다.

"명품은........................ 명품을 입혀야 해요."

"오!" 훈트가 감동한 반응을 보였다.

"이 일화처럼 예수는 상대방을 고품격 유머로 정신이 번쩍 나게 높여줌으로써, 그에 걸맞은 능력을 이끌어내는 유머 리더십이 탁월한 분이었습니다. 이런 예수의 익살과 유머 능력은 제자들에게 별명을 붙여주실 때 보다 분명하게 나타납니다. 열두 제자를 세우실 때로 한번 가볼까요?"

예수가 열두 제자를 세우며 말했다.

"요한의 아들 시몬아, 너는 게바라. 내가 이 반석 위에 내 교회를 세우리니 지옥의 세력이 이기지 못 할 것이다."

통역기에 귀를 기울이고 있던 훈트가 말했다.

"가만! 방금 예수가 말한 '게바'라는 말이 무슨 뜻이죠? 통역이 안 되고 원래 발음 그대로 들리는데요?"

"게바란 말은 예수가 평소에 쓰시는 헬라어나 정통 히브리어가 아니라, 투박한 북방 아람어인 갈릴리 사투리죠. 그러니까 점잖은 말로 하면 받침돌이라는 뜻의

'반석'이지만 실제는 '판돌이' 정도가 되겠네요."

"풋! 우습군요. 판판한 돌이라 해서 판돌이라는 거군요."

"계속 들어보세요."

멜랑주 박사가 눈짓으로 예수를 가리켰다.

"세배대의 아들 야고보와 요한아! 너희는 보아너게라 부르리라."

훈트가 또 눈을 동그랗게 뜨며 박사를 쳐다보았다.

"'보아너게'란 말도 갈릴리 사투린가요?"

"그렇습니다. 직역하면 '천둥의 아들'이란 뜻인데, 시쳇말로 '천둥벌거숭이'라고 부른 것이지요."

"하하하! 천둥벌거숭이요? 절묘한 번역이군요!"

"두려운 줄 모르고 함부로 덤벙거리거나 날뛰는 사람을 천둥벌거숭이라고 하지 않습니까? 야고보와 요한의 불같이 급한 성미가 묻어나는 별명이지요. 이 익살스러운 별명들 속에는 아이러니컬하게도 그들에 대한 예수의 높은 기대가 숨겨져 있답니다."

"높은 기대요? 그러고 보니 베드로가 별명 그대로 초

대교회의 굳건한 반석 역할을 했다는 얘기는 들어본 것 같습니다."

"바로 그겁니다. 베드로와 야고보와 요한은 열두 제자 중에서도 최고 서열을 다투는 제자들이었습니다. 예수의 오른팔과 왼팔 역할을 한 사람들이죠. 특히 요한은 요한복음과 요한계시록의 저자로서 신약성서의 핵심 중의 핵심 말씀을 천둥과 같이 사람들에게 울려댔지요. 베드로는 땅의 차원에서 이 땅에 오신 예수님 교회의 기초를 세웠으며, 요한은 하늘의 차원에서 장차 오실 예수님을 선포했다는 식으로 해석하는 사람도 있습니다."

"아, 네! 듣고 보니까 해석이 그럴듯하네요. 아무튼 그들은 별명 그대로 예수의 기대에 부응한 셈이군요. 참 생각해볼수록 예수의 유머는 차원 높은 고품격 유머가 맞는 것 같습니다. 단순히 사람을 웃기는 데서 끝나지 않는…."

멜랑주 박사가 고개를 끄덕이며 미소 지었다.

교육을 마치고 집으로 돌아가는 차 안에서 멜랑주 박

사의 말이 계속 훈트의 귓전을 울려댔다.

'남에게 행복을 주면 행복으로 돌아오고, 불행을 주면 불행으로 돌아오는 법입니다.'

훈트는 그동안 아내를 비롯해 회사 직원들에게 했던 숱한 말들을 떠올렸다. 불평, 비난, 무시, 경멸, 조롱, 흠잡기. 아무리 생각해도 행복보다는 불행에 더 가까운 것 같았다. 그는 그동안 자신의 마음 깊은 곳에서 흐르던 알 수 없는 불안감의 실마리를 찾은 느낌이 들었다.

Happining

"그렇습니다. 남을 깎아내리는 말은
함부로 해선 안 되는 게 원칙이죠"

두 번째 계단

✦

세움과 상쇄

"당신 요즘 뭐 배우러 다녀요?"

"아니, 요즘 저녁 약속들이 계속 늦어지네."

아내 클라라가 못내 궁금하다는 표정을 지었지만, 훈트는 유머 교육을 받고 있다는 것을 말하지 않았다. 섣불리 얘기를 꺼냈다가 기대감만 높여놓을까 싶어서였다. 사실 스페인에서 돌아올 때 다툰 일로 아내와는 아직도 좀 서먹서먹했다. 클라라에게 먼저 화해의 손길을 내밀 수 있었던 순간은 많았지만, 훈트는 그것이 임시방편임을 누구보다 잘 알고 있었다. 그래서 멜랑주 박사에게 유머를 배워 확실한 자기 변화를 이루고 싶었다.

 이튿날, 훈트는 멜랑주 박사를 보자마자 얘기를 꺼냈다.
 "어제 배운 예수의 유머를 아내에게 한 번 해봤습니다."
 "아, 그래요! 제가 가르쳐드린 대로 하셨습니까?"
 "예."
 "부인의 반응이 어땠어요?"
 "글쎄요, 그냥 피식 한 번 웃고는 그만이던데요."
 "피식이라도 웃었다면 처음치고는 정말 잘한 겁니다. 무엇보다 일단 유머를 시도했다는 게 큰 의미가 있는 거죠."
 "그렇습니까?"
 "그렇고 말고요. 이제 시작이니 실망하지 말고 계속 노력하시기 바랍니다."
 "알겠습니다."
 "자, 그럼 오늘도 한 번 떠나볼까요? 에바다굼!"

방향 제시

"여러분은 세상의 소금이오. 소금이 만일 그 맛을 잃으면 무엇으로 짜게 하겠소? 그렇게 되면 아무짝에도 쓸모가 없어 밖에 버려져 사람들에게 짓밟힐 일만 남게 될 것이오. 여러분은 또한 세상의 빛이오. 등불을 켜서 아무도 못 보는 비밀장소에 숨겨놓는 사람이 있겠소?"

"아니요!"

"그럼 커다란 그릇 안에 넣고 뚜껑으로 덮어두는 사람은 어떻소?"

"아니요! 없습니다!"

사람들이 웃음으로 대답했다. 예수는 더욱 유쾌하게 목소리를 높여 말했다.

"그럼 어디다 둡니까? 그렇소, 등불을 켜면 등잔 위에 올려놓아야 집 안 모든 사람에게 그 빛이 환하게 비칠 것이오. 이같이 여러분의 빛이 사람 앞에 비치게 하여 그들로 하여금 여러분의 착한 행실을 보고 하늘에 계신 아버지께 영광을 돌리게 하시오."

"좋은 말씀이긴 한데, 이 말씀이 어떻게 사람들의 능력을 이끌어낸다는 거죠?"

훈트가 물었다.

"예수가 빛과 소금의 비유 대신 이렇게 말했다고 생각해보십시오. '여러분들은 죄악을 저지르지 말고, 부패에 물들지 말 것이며, 불의에 눈감지 말고, 오직 깨끗하게 남의 모범이 되게 사시오.' 이런 식으로 장황하게 설명했다면 얼마나 지루했겠습니까. 아마 얘기가 채 끝나기도 전에 사람들이 잠들었을 겁니다. 하지만 '빛과 소금이 되라.'라는 한마디는 천 마디의 지루한 설명보다 훨씬 강력하면서도 많은 것을 던져줍니다. 이 비유는 예수 이후 2천 년 동안 기라성 같은 기독교 위인들의 삶의 지표가 된 것이죠."

멜랑주 박사가 상기된 얼굴로 열변을 토하자 훈트가 그 기세에 움찔하면서 말했다.

"빛과 소금이라…, 그동안 무심코 들어와서 그런지, 그렇게 대단한 말인지는 미처 몰랐네요."

박사는 그래도 할 말을 다 못했다는 표정을 지으며 말했다.

"이 한마디는 기독교인에게 높은 자긍심을 부여했을 뿐만 아니라, 수십억 인류의 삶의 방향타가 된 인류 역사상 손꼽히는 탁월한 비유의 유머입니다."

"자, 지금이에요. 예수를 주목하세요!"
 부드럽고 온화한 얼굴로 말을 이어가던 예수가 갑자기 성난 표정으로 산 아래 마을을 향해 삿대질을 하며 소리쳤다.
 "에잇! 벼락이나 떨어져라! 너희 탐욕스러운 부자들아, 너희는 너희의 위로를 이미 받았도다! 지금 배부른 자들아, 너희도 벼락 한 방 먹어라! 너희는 굶주리게 될 것이다!"
 예수는 잠시 말을 멈추고 군중을 둘러보았다. 그의 성난 표정에 모두 숨을 죽였다.
 "너희 지금 웃는 자들이여, 너희는 벼락 중의 벼락인 날벼락이다! 너희가 슬퍼하며 엉엉 울 것이다!"
 "하하하하! 하하하하!"
 사람들은 속이 시원하다는 듯 크게 웃었다. 그 웃음은 한참 동안 계속되었다.

"예수는 사람들이 뭘 원하는지 정확히 알고 있는 것 같군요."

훈트도 웃음 띤 얼굴로 말했다.

"그렇습니다. 가난한 민중들을 억누르고 있던 탐욕스러운 부자들과 부패한 권력자들에 대한 분노에 사람들이 통쾌한 해방감을 느끼고 있는 것입니다."

좌중의 웃음이 가라앉자 얼굴을 가득 채웠던 직전의 노기를 잠재우며 예수가 다시 말을 이어갔다.

"참새 두 마리가 동전 한 닢에 팔리지 않소? 그러나 아버지께서 허락하지 아니하시면 그 하나도 땅에 떨어지지 않는 것이오. 두려워 마시오. 아버지께서 여러분을 얼마나 생각하시는지 아십니까? 그분이 여러분을 어느 정도로 사랑하고 관심을 두고 계시는가 하면…."

사람들이 기대에 찬 얼굴로 예수를 바라보았다.

"여러분의……………………………… 머리카락 수까지 다 세어 두셨답니다."

웃음과 함께 여기저기서 "캬!", "오!" 하는 감탄사가 터져 나왔다. 사람들의 얼굴에는 편안한 안도감이 피어 올랐다.

"그러니 두려워 마시오. 여러분은 허다한 참새보다 귀하시오."

예수를 에워싼 사람들 모두가 환한 얼굴로 예수의 이야기에 빠져들어 갔다. 뿌듯한 자존감이 그들의 마음속을 충만하게 채우고 있었다.

그때, 중년의 유대 여인이 한 무리의 남자들 틈에 섞여 걸어오고 있었다.

"아니, 저분은 혹시 성모 마리아 아닙니까?"

"맞습니다."

멜랑주 박사는 짧게 대답하고는 마을 어귀의 한 집을 가리켰다.

"우리도 안으로 들어가서 예수의 말씀을 들어보도록 하죠."

집안에 있던 사람 하나가 마리아를 보고는 안으로 달려 들어가 예수에게 말했다.

"선생님, 선생님의 어머니와 동생들이 선생님과 얘기하려고 밖에서 기다리고 있습니다."

예수가 대답했다.

"누가 내 어머니며 내 동생들이냐? 내 어머니와 동생들은 따로 있지 않다. 누구든지 하늘에 계신 내 아버지의 뜻대로 하는 자가 내 형제요 자매요 어머니다."

그리고 나서 좌중을 한 번 둘러보고는 물었다.

"그러면 내 어머니와 형제들이 지금 어디 있겠느냐?"

사람들이 주위를 두리번거리며 모른다는 표정을 짓자 예수가 "어디 있긴 어디 있겠느냐?" 하고 잠시 뜸을 들이더니 제자들을 손으로 가리키며 말했다.

"바로 여기 있지~!"

예수의 뜻밖의 발언에 모두 웃으며 박수를 쳤다.

행복 메신저

"이곳은 어제 힘들게 올라왔던 산 아닙니까?"

다시 시공이 바뀌자 훈트가 주변을 둘러보며 물었다.

"맞습니다."

"그럼 어제도 곧장 이 산 위로 오면 되지, 왜 산 아래 도착해서 힘들여 올라오게 한 겁니까?"

훈트가 투덜거리자 박사가 빙글빙글 웃으며 대답했다.

"운동 좀 해야 되지 않겠습니까? 이제 예수가 그 유명한 팔복 설교를 하려는 참이니 잘 들어보세요."

"가뜩이나 무릎도 안 좋은데…."

훈트가 혼잣말로 투덜거리며 팍팍한 무릎을 주먹으로 두들겼다.

"여러분과 같이 가난한 사람은 복이 있소. 하나님의 나라가 여러분의 것이오. 지금 배가 고픈 사람들은 복이 있소. 장차 배부르게 될 것이오. 지금 울고 있는 사람들도 복이 있소. 모두 웃게 될 것이오. 그날에 마음껏 기뻐하고 마음껏 뛰어 노시오. 하늘에서 여러분의 상이 클 것이오."

멜랑주 박사의 얼굴에 평화로운 미소가 떠올랐다.

"지금 군중들의 얼굴을 찬찬히 살펴보십시오. 얼마나 평화롭고 행복한 얼굴들입니까? 그동안 저들은 가난하고 핍박받고 천대받으며 삶의 희망을 찾지 못한 사람들이었습니다. 그런데 예수가 당신들의 현실은 고통스러우나 장차 그 모든 고뇌와 아픔이 회복되고 큰 복을 받을 것이라는 생명의 말씀을 전파하자, 모두 감동의 도가니로 빠져들지 않습니까?"

"예, 정말 천사의 표정들이 따로 없군요. 그런데 저건 유머는 아니지 않습니까?"

훈트의 질문에 박사가 기다렸다는 듯이 말을 받았다.

"그렇게 생각할 만도 합니다. 하지만 폭소를 터지게 하는 우스갯소리나 미소를 띠게 하는 생명과 희망을 주는 복음은 둘 다 '행복'을 준다는 측면에서 그 본질은 같습니다. 앞의 것은 얼굴에 웃음을 주고 뒤의 것은 가슴에 웃음을 주지요."

훈트는 조용히 고개를 끄덕였다. 그의 얼굴에도 어느덧 미소가 떠올라 있었다. 바로 그때 멜랑주 박사가 말했다.

"이제 예수가 사람들에게 행복을 주는 말을 얼마나 보석 같이 귀하게 여겼는지 십자가에게 못 박혀 돌아가실 때로 가보겠습니다."

멜랑주 박사의 말에 훈트가 놀라며 물었다.

"아니, 벌써 십자가 때로 가나요?"

박사가 미소를 지어 보였다.

"걱정 마십시오, 잠깐 가보는 겁니다. 에바다굼!"

십자가에 못 박힌 예수는 멀리서 바라보는 것만으로도 고통스러워 보였다. 예수의 양쪽에는 두 명의 강도가 역시 십자가에 매달려 신음하고 있었다. 그중 한 강도가 예수에게 말했다.

"네가 메시아(구세주)라 하지 않았느냐? 너와 우리를 구원하라."

그러자 다른 쪽 강도가 그를 꾸짖었다.

"네가 이렇게 벌을 받으면서도 하나님을 두려워하지 않느냐? 우리는 우리가 행한 죄에 합당한 벌을 받는 것이지만, 이 분이 행하신 언행은 옳지 않은 것이 없었다. 예수님, 당신의 나라에 임하실 때 저를 기억해 주십시오."

이에 예수가 대답했다.

"내가 진실로 너에게 말하겠다. 오늘 네가 나와 함께

낙원에 있을 것이다."

멜랑주 박사가 십자가를 올려다보며 말했다.
"저렇게 십자가에 못 박혀 피 흘리며 죽어가면서도, 다른 사람에게 축복하는 것을 결코 놓지 않는 모습을 보십시오! 정말 놀랍지 않습니까?"

완전한 치유

예수가 헌금함 앞에 앉아 사람들이 어떻게 돈을 넣는지 보고 있었다. 부자들은 자랑스럽게 어깨를 으쓱거리며 당당하게 큰돈을 넣고 가는데, 한 가난한 과부는 부끄러워하며 고개를 푹 숙인 채 다가와서 동전 몇 닢을 달랑 넣는 것이었다. 초조한 낯빛으로 황급히 돌아서는 과부를 예수가 불러 세웠다. 그리고는 제자들을 불러 모았다.

"제자들아! 이 여인이 헌금함에 돈을 넣은 사람들 중에 가장 많이 넣었다."

과부와 제자들이 영문을 몰라 예수의 얼굴을 쳐다보았다.

"아니, 선생님! 선생님도 두 눈으로 똑똑히 보셨잖습니까. 큰돈을 쑥쑥 넣고 가는 부자들이 여럿 있었지만, 이 과부는 동전 몇 닢 외에 넣은 게 없습니다. 그런데 가장 많이 넣었다니요?"

그러자 예수가 대답했다.

"아니다. 부자들은 자신의 소유 중 일부를 '찔끔' 넣었고, 이 여인은 자신이 가진 전부를 '왕창' 넣지 않았느냐? 그러니 이 여인이 다른 사람들보다 많이 넣은 것이다."

과부는 감사와 감격의 눈물을 흘리며 그녀의 자리로 돌아갔다.

"신의 기준은 우리와는 다르군요!"

훈트가 목소리를 높여 감탄했다.

"저것도 인간과 신의 시각 차이 중 하나인 셈이죠. 그런데 여기서 놓쳐서는 안 될 점은 가난한 여인의 수치와 상처를 완전히 치유한 예수의 유머입니다. 저 여인의 열등감과 아픔에 대해 아무런 근거 없이 '당신이 부자보다 더 많이 넣은 거예요.'라고 단순하게 말했다면, 완전히 위로할 수 없었을 겁니다."

"그런데 말입니다."

훈트가 의문스러운 표정으로 말했다.

"저 유머가 여인을 위로한 것은 맞겠지만, 혹시 부자들을 깎아내린 건 아닌가요? 부자 중에서 전 재산은 아니더라도 정말 성의껏 헌금한 사람들도 있을 텐데요. 찔끔 했다는 말을 들으면 상처받지 않을까요?"

멜랑주가 잠시 생각하더니, 5분 전으로 시간을 되돌려 예수가 말하고 있는 쪽을 가리켰다.

"저길 보세요. 예수님이 말씀하시고 있는 주변에 부자들이 있습니까?"

훈트가 살펴보니, 부자처럼 화려한 색깔의 옷을 입은 사람들은 이미 제단 앞 헌물함에 헌금을 넣은 후 멀찌감치 앉아있었다. 가난한 여인은 맨 마지막에 나와 조심스럽게 헌금을 넣고 예수님과 제자들 앞에 서있었다.

"아 그러고 보니 예수님 말이 저 멀리 부자들에겐 안 들리겠군요?"

"그렇습니다. 남을 깎아내리는 말은 함부로 해선 안 되는 게 원칙이죠. 하지만 위로의 말을 할 땐 효과를 극대화하기 위해 그 자리에 없는 사람을 낮춰 말하는 것이 허용됩니다. 본의 아니게 낮춰진 사람이 설령 그 말을 전해 듣게 되더라도, 화자의 의도를 너그럽게 이해해주면 더 좋겠죠."

"장점은 세우고 단점은 상쇄하는 완전한 유머네요!"

"예수께서 치유의 유머를 행하신 일이 또 있습니다. 어서 가시죠."

어느새 휴머신 안.

"훈트 사장님."

박사가 휴머신 벽 시공 계기판에 시선을 고정한 채 그를 불렀다.

"네. 박사님."

"그런 얘기를 들었습니다."

"어떤 얘기요?"

"한 여자가 사귀는 남자에게 자신은 힐링Healing이 필요하다고 했답니다. 그 말을 들은 남자가 해준 힐링이 그녀를 크게 감동시켰습니다."

여기까지 말하고 멜랑주가 입을 다물었다. 궁금해진 훈트가 "어떤 힐링을 해줬는데요?" 하고 물었다.

"한 번 맞춰보십시오. 그는 어떻게 해줬을까요?"

"글쎄요. 가방을 사줬나요?"

"어떻게 힐링을 해줬냐면...................................... 힐$_{Heel}$과 링$_{Ring}$을 사줬답니다."

"푸하하하!"

훈트가 웃음을 터뜨렸다.

"절묘한 힐링이죠?"

"그러네요. 하하하."

"하지만…."

멜랑주 박사가 입을 열어 딱 잘라 말했다.

"구두와 반지 같은 물질로는 완전한 치유를 할 수 없습니다."

두 사람은 예수를 따라 베다니 나병 환자 시몬의 집으로 날아갔다.

한 여자가 매우 귀한 향유 한 옥합을 가지고 와서 식사하시는 예수의 머리에 부었다. 분개한 제자들이 말했다.

"너는 무슨 의도로 이것을 허비하느냐? 비싼 값에 팔아 가난한 자들에게 줄 수도 있었을 텐데…."

예수가 제자들에게 말했다.

"너희는 왜 이 여인을 괴롭히느냐? 이 여인은 내게 좋은 일을 한 것이다. 가난한 자들은 항상 너희와 함께 있을 것이나, 나는 항상 너희와 함께 있지 않을 것이다. 나는 곧 죽으러 갈 것이다. 이 여인은 곧 닥칠 나의 장례에 쓸 향유를 부은 것이다. 다만 조금................................. 일찍 부었을 뿐이다."

예수의 점잖은 유머를 훈트가 받아서 말했다.

"저렇게 품위 있는 말을 우리식으로 풀면, '야, 나 곧 죽을 사람이거든? 죽은 사람 소원도 들어준다는데, 너희들은 이 여인이 곧 죽을 불쌍한 나를 위해 이렇게 하는 것이 그렇게도 아니꼽니?' 뭐, 이 정도 되겠군요."

"하하하하! 훈트 사장님, 재미있군요. 그럼 이제 부활하신 예수가 베드로를 만나 대화하는 곳으로 가보겠습니다. 에바다굼!"

상쇄의 말

예수가 베드로에게 물었다.

"요한의 아들, 시몬아! 네가 이 사람들보다 나를 더 사랑하느냐?"

"주님, 그렇습니다. 제가 주님을 사랑하는 줄 주님께서 아십니다."

"그럼 내 어린 양을 먹여라."

예수가 두 번째로 물었다.

"요한의 아들, 시몬아! 네가 나를 사랑하느냐?"

"주님, 그렇습니다. 제가 주님을 사랑하는 줄 주님께서 아십니다."

"그럼 내 양을 먹여라."

예수가 태연하게 세 번째로 베드로에게 물었다.

"요한의 아들, 시몬아! 네가 나를 사랑하느냐?"

"예수님도 참 짓궂으시네요. 똑같은 걸 세 번씩이나 물으시잖아요."

훈트가 웃으며 말하자 "베드로에게 단단히 다짐을 받으시려는 게지요." 하고 박사가 대답했다.

베드로는 잠깐 근심하다가 "주님께서 모든 것을 아십니다. 제가 주님을 사랑하는 줄 주님께서 아십니다." 하고 대답했다.

"그럼 내 양을 먹여라."

예수는 이번에도 똑같은 당부를 되풀이했다.

"베드로의 저 곤혹스러운 표정을 한 번 보세요."

멜랑주 박사가 말했다.

"우리야 웃기지만 베드로는 예수를 부인했던 자신의 허물 때문에 진땀이 났을 겁니다. 베드로가 밖으로 나가네요. 우리도 따라가 봅시다."

베드로는 그제야 십 년 감수한 얼굴로 긴 한숨을 내쉬었다. 잠시 뒤 도마도 따라 나왔다. 그는 조용히 베드로에게 다가가 말했다.

"자네 방금 혼났지?"

"아유 말도 마. 주님이 세 번째로 내가 당신을 사랑하느냐고 물으셨을 때는 '주님께선 내 말을 믿지 못하시겠다는 의미로구나. 내가 당신을 몇 번씩이나 부인했으니…'라는 생각이 들어 가슴이 덜컥 내려앉더라니까."

"낄낄낄낄…. 주님이 모른 척하고 세 번째로 물으실 때, 우리는 자네의 그 쩔쩔매는 얼굴을 보고 웃음을 참느라 아주 혼이 났다네. 낄낄낄낄…."

"어이구! 너희들은 그게 참 재미있었겠다. 나는 곤란해서 혼났어. 그런데 말이야, 이상한 게 하나 있어."

"뭔데?"

"주님의 질문에 내리 세 번을 대답한 것이 왜 이렇게 후련하지?"

"후련하다고?"

"그렇다니까. 내가 예수님을 사랑한다고 세 번 대답하고 나자 예수님을 부인했던 죄책감이 깨끗이 씻겨나가는 느낌이 들더라니까. 예수님을 사랑한다고 한 번만 말했다면 이렇게까지 후련해지진 않았을 것 같아."

"네가 예수님을 몇 번 부인했었지?"

"음, 세 번…."

"그렇다면 주님이 자네가 잘못한 횟수만큼 똑같이 회복의 말을 반복해 완전히 상쇄되도록 하신 게 아닐까?"

"바로, 리더는 군림하지 말고
섬겨야 한다는 것이죠."

세 번째 계단

✦

부드러운 소통

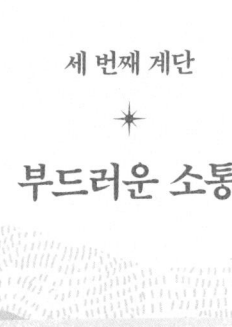

"뭐야! 보직을 교체해주지 않으면 회사를 그만두겠다고?"

훈트는 탁자를 쾅 내리치며 소리 질렀다.

최근 그의 회사에서는 북극 썰매견용 사료를 개발하는 프로젝트를 추진하고 있었다. 그 시제품을 테스트하려고 직원 몇 명을 알래스카에 보냈으나 여러 가지 사정으로 계획에 차질이 생겼다. 그 바람에 예정보다 현지 체류기간이 길어지자, 파견된 직원들 사이에서 불평이 터져 나오기 시작했다. 열악한 환경과 추위 때문에 너무 힘들다는 것이었다.

"잉게 부장! 당장 그 직원들 해고하시오! 그런 정신머리로 무슨 일을 하겠다는 거야! 세상 모든 일이 계획대로 다 착착 진행되는 줄 아나 보지?"
벌겋게 열이 오른 훈트는 몸을 부르르 떨었다.
"저, 사장님! 현지에 파견된 이름가르트 씨가 그저 지나가는 말로 한 것 같은데, 너무 노여워하지 마십시오."
잉게 부장이 말려보았지만 훈트는 마음을 진정시키지 못하고 계속 격앙된 어조로 말했다.

"그래도 할 말 못 할 말이 따로 있지! 뭐? 회사를 그만둬? 이 사람들이 뭐, 내가 월급 줄 테니 제발 근무해달라고 무릎 꿇고 빌고 있는 줄 아나보지? 북극에서 평생 살게 해줄까 보다. 에잇! 잉게 부장! 새로운 팀을 구성해서 알래스카로 보낼 준비하시오."
"지금 있는 사람들과 교체하는 겁니까?"
"아니, 그 사람들한테는 거기서 다른 업무를 주시오."
"어떤 업무를…?"

"맬러뮤트 대신 썰매나 끌고 있으라고 하시오. 사표 낼 때까지."

"예?"

훈트는 그날 아침 회의의 찜찜한 뒤끝을 날려버리려는 듯 서둘러 텍톤 770으로 달려갔다. 어느덧 예수시대로 날아가는 게 그에게 가장 중요한 일이 되어 있었다.

"에바다쿰!"

부드럽게 일깨우다

예수 일행이 가버나움으로 가는 길에 제자들이 서로 자신이 더 높다고 말다툼을 벌였다. 어느 집에 들어가 앉은 뒤 예수가 제자들을 불러 앉혀놓고 물었다.

"너희가 오던 길에 무엇을 가지고 논쟁을 벌였느냐?"

제자들이 쑥스러워하며 대답하지 못하자 예수는 그 중 한 제자를 불러 물었다.

"야고보야, 네가 높은 사람이 되고 싶으냐?"

야고보는 잠시 망설이더니 "예." 하고 작은 소리로 대답했다. 그러자 다들 어떤 말씀을 해주실지 기대감에 찬 눈으로 예수를 바라보았다.

"그럼 남을...................................... 섬겨라."

"네?"

야고보가 눈을 동그랗게 떴다. 다른 제자들도 모두 의외라는 표정을 지었으나 개중에는 말도 안 된다고 생각하여 키득키득 웃는 자도 있었다. 예수가 모른 척하고 또 다른 제자를 불러 물었다.

"요한아, 네가 우두머리가 되고 싶으냐?"

요한이 힘없이 "네." 하고 대답했다.

"그럼...................................... 종이 되거라."

"네?"

요한 역시 놀랍고 당황스러워 어쩔 줄을 몰라 했다. 이번에는 더 큰 웃음이 제자들 사이에서 터져 나왔다.

"인자가 온 목적은 섬김을 받으려고 온 것이 아니라 오히려 섬기려 하고, 많은 사람들의 죄를 대신해 내 목숨을 내어주려고 온 것이다."

"하하하! 예수의 대답은 그 자체가 유머로군요."

훈트의 말에 멜랑주 박사가 설명을 덧붙였다.

"제자들의 고정관념을 획기적으로 바꾼 유명한 메시지입니다. 리더는 군림하지 말고 섬겨야 한다는 것이죠. 예수는 제자들의 잘못된 생각을 꾸짖거나 매를 드는 식의 물리적인 힘을 사용하지 않았습니다. 저분은 이렇게 유머를 이용해 스스로 잘못을 깨닫게 하면서, 동시에 바른 길을 제시하는 부드러운 방식을 즐겨 사용했습니다."

"또한 예수는 당시 그를 공격했던 적들에게도 부드러운 유머로 반박하고 응수했습니다."

예수가 성전에서 백성에게 복음을 전하는데, 대제사장과 서기관들이 장로들과 함께 그에게 다가와 물었다.

"당신이 무슨 권한으로 이런 일을 하는지, 이 권한을 준 이가 누구인지 우리에게 말하시오."

예수가 대답했다.

"그럼 나도 한 가지 질문을 당신들에게 할 테니 대답해 보시오."

"좋소." 하고 그들이 대답하자 예수가 물었다.

"세례 요한이 세례를 베푸는 권한이 하늘로부터 받은 것이오, 아니면 사람으로부터 받은 것이오?"

이에 그들이 당황하여 바로 대답하지 못하고 저만치 떨어진 곳으로 가서 자기들끼리 수군거렸다.

이 광경을 지켜보던 멜랑주 박사가 훈트에게 간단한 설명을 덧붙였다.

"세례 요한은 예수와 동시대 인물로, 예수보다 먼저 하나님의 정의를 부르짖다가 죽임을 당한 선지자입니다. 지금 저기 모인 제사장들 같은 부패 지도층에게는 예수와 마찬가지로 달갑지 않은 존재였죠. 자, 저들이 뭐라고 수군거리는지 한 번 가서 들어 볼까요?"

박사는 훈트의 팔을 잡아끌고 그 무리 쪽으로 다가가 귀를 기울였다.

"이것 참 난감한 질문이오. 만일 세례 요한의 권한이 하늘로부터 받은 것이라 하면 어찌하여 그를 믿지 아니하였느냐고 따질 테고, 사람으로부터 받은 것이라 하면 백성들이 세례 요한을 선지자로 인정하니 그들이 일어서서 우리를 돌로 칠 것 아니오? 이것 참 어떻게 해야 하지?"

그들이 쩔쩔매는 모습을 보고 백성들은 고소해했다. 곤란한 표정으로 다시 예수에게 온 그들이 대답했다.

"그 권한이 어디로부터 온 것인지 우린 알지 못하겠소."

그러자 예수가 회심의 미소를 지으며 눈을 지그시 감고 말했다.

"그럼 나도 무슨 권한으로 이런 일을 하는지 당신들에게 대답하지 않겠소."

백성들 사이에서 '와하하하!' 하고 폭소가 터져 나왔고, 그들은 꽁지가 빠지게 달아나버렸다.

"저렇게 자신을 반박하는 자들을 꼼짝 못하게 하는 탁월한 유머 감각, 너무 부럽고 존경스럽군요. 저도 곧 저런 유머를 사용할 수 있게 되는 겁니까?"

훈트가 기대에 찬 목소리로 묻자 박사가 웃으며 대답했다.

"진짜 경이로운 것은 예수의 유머가 어쩌다 한두 번 나온 게 아니라는 점이죠. 어떤 경우, 어떤 상황에서도 저분은 상대를 부드럽게 제압하는 유머를 능수능란하게 구사했습니다."

우회 표현

 깊은 한밤중. 예수가 붙잡힐 시간이 다가오고 있었다. 겟세마네 동산에 홀로 앉은 예수가 땅에 엎드려 간절히 기도했다.
 "아버지. 아버지께서 하실 수 있다면 이 컵을 내게서 거두어 주십시오."
 잠시 침묵이 흐르고 그가 다시 입을 열었다.
 "그러나 내 뜻대로 하지 마시고 아버지의 뜻대로 하십시오."

 훈트가 연민의 눈으로 엎드려 기도하는 예수를 바라보면서 말했다.

"얼마나 괴롭겠습니까? 곧 군병들이 들이닥쳐 모진 고난이 시작될 테니 말입니다. 그런데 컵을 거둬달라고 하는데 십자가의 고난을 말하는 거죠?"

"그렇습니다. 십자가 고난은 예수 자신이 각오하고 계획대로 진행되는 것임에도 불구하고, 막상 고난이 시작되려고 하니 육체를 입고 있는 인간으로서의 고뇌와 번민이 없을 수 없었겠죠. 그런데 십자가 죽음을 왜 '컵'으로 표현했을까요?"

"글쎄요."

멜랑주 박사의 질문에 훈트가 고개를 갸웃거렸다.

"예수가 아버지라 부르는 하나님은 그의 유일한 상사上司라고 볼 수 있습니다. 예수도 상사와 다른 의견을 가질 수도 있었겠죠. 하지만 그럴 때도 그는 "십자가에서 죽기 싫습니다." 하고 윗분에게 직설적으로 말하지 않고, 자신의 고난을 컵으로 우회적으로 표현하면서 부드럽게 자신의 의견을 제시했습니다."

훈트가 공감한다는 표정으로 입을 열었다.

"가끔 자신의 요구나 불만을 내 면전에서 거칠게 직

격탄으로 날려서 불쾌하게 만드는 직원들이 있습니다. 오늘 아침에도 그런 일이 있었고요. 그럴 때면 그 얘기가 아무리 정당하고 들어줘야 하는 일이라고 하더라도 수용하고 싶은 마음이 싹 달아나더군요. 물론 그것을 대처한 제 방식도 좋지 않았습니다. 그런 의미에서 부드러운 의사표현은 아랫사람에게나 윗사람에게나 정말 필요하다는 생각이 드네요."

멜랑주가 고개를 한 번 끄덕이며 걷기 시작했다.

이때 훈트가 달리 할 말이 있다는 듯 그를 불러 세웠다.

"저기, … 멜랑주 박사님!"

"네? 왜 그러시죠?"

"사실, 제가 요즘 무릎 통증 때문에 고생하고 있거든요. 그게 지난번 산에 올라가는 바람에 더 악화된 것 같습니다."

"아이쿠! 그러셨군요. 저는 그런 줄도 모르고, 정말 죄송합니다."

박사가 황급히 사과하자 훈트가 말했다.

"괜찮습니다. 모르고 그러신 건데요, 뭐. 아무튼 별의 별 병원을 다 다녀봤지만 뚜렷한 치료법이 없다고 하더군요. 그냥 나이 탓이라고만 합니다. 무릎 관절염 때문에 30년 동안이나 즐기던 조깅까지 그만두었다니까요."

"저런, 쯧쯧쯧."

"저기, 그래서…. 예수님이 바로 제 눈앞에 계신 절호의 기회를 얻었는데, 저도 예수님께 치료 좀 받으면 안 될까요? 이런 기회가 언제 또 오겠습니까?"

박사는 잠깐 그를 동정어린 눈길로 바라보더니 대답했다.

"제가 사장님께 죄송하기도 하고, 또 사장님의 심정도 충분히 이해합니다만, 아시다시피 우리가 살고 있는 시공과 예수의 시공은 서로 다르잖습니까? 다시 한 번 말씀드리지만 시공이 다른 존재들은 대화를 포함해 어떤 상호작용도 할 수가 없습니다. 저도 어떻게 할 수 없는 일입니다. 미안합니다."

멜랑주 박사의 설명에 훈트가 풀이 죽어 대답했다.

"알겠습니다, 전 또 혹시나 하고…."

그리고는 힘이 빠지는 듯 자기도 모르게 '휴~' 긴 숨을 내쉬었다.

"멜랑주 박사님, 숨 가쁘게 여기저기 오가다 보니 좀 지치는 것 같습니다. 오늘 여정이 더 남았나요?"

"아이코, 미안합니다. 예수의 부드러운 유머의 힘을 많이 보여드리고 싶은 욕심에 제가 무리를 한 것 같습니다. 오늘 가봐야 할 시공이 몇 개 더 남긴 했습니다만, 잠시 저쪽에 있는 바닷가 나무그늘 아래서 쉬었다 가기로 하지요."

두 사람은 무화과 나뭇잎이 멋들어진 해변에 마치 피서를 나온 사람들처럼 편안하게 엉덩이를 깔고 앉았다.

촤아아악!

맑고 새파란 갈릴리 바다의 파도가 밀려와 만드는 하얀 포말이 발밑에서 부서지고 있었다. 두 사람은 그렇게 휴식을 취하다가 깜빡 잠이 들어 나란히 드러누웠다. 정오의 태양이 바람에 흔들리는 나뭇잎 사이로 그들의 잠든 얼굴을 간질이고 있었다.

"그새 잠이 들었나 봅니다."

멜랑주 박사가 눈을 비비며 일어났다.

"깨셨군요."

훈트는 조용히 앉은 채 수평선을 바라보고 있었다.

"무슨 생각을 그리 골똘히 하고 계십니까?"

"오늘 본 예수의 모습이 자꾸만 떠오릅니다. 충분히 격해질 상황에서도 전혀 흥분하지 않고 차분히 유머로써 부드럽게 대응하는 그 모습이 크게 다가옵니다. 어쩌면 그렇게 화 한 번 안 내고 침착할 수 있을까요?"

박사도 같은 생각이라는 듯 고개를 끄덕이며 대답했다.

"어떤 불편한 상황에서도 긍정과 여유를 잃지 않는 것이 유머가 풍부한 사람들의 특징입니다. 그러니 최고의 유머 감각을 가진 예수야 더 말할 필요 없겠지요."

"자, 이제 다시 예수를 만나러 가볼까요?"

멜랑주 박사가 리모컨을 작동하려 하자 훈트가 그를 불러 세웠다.

"잠깐만요, 박사님!"

박사가 그의 얼굴을 쳐다보았다.

"사실은 제가 오늘 가보고 싶은 시공이 하나 있습니다."

"그래요? 어딘가요?"

"어제 성경을 뒤져봤더니 12년 동안 혈루병을 앓던 여인이 예수에게 손만 대고 나은 내용이 있더군요. 그곳으로 한 번 가봤으면 좋겠습니다."

"그건 예수의 유머와는 별 상관이 없는 상황인데요?"

멜랑주 박사가 의아한 표정을 지어 보였다. 하지만 훈트의 태도에는 변함이 없었다.

"그래도 한 번 가보고 싶군요. 이렇게 특별히 부탁 좀 드리겠습니다, 박사님. 부드러운 예수의 모습을 확인할 수 있을 것 같아서요."

"그 일은 성경에도 잘 나와 있어 눈으로 직접 보는 거나 별 차이는 없습니다만…."

훈트의 표정이 점점 애절해지는 것을 보고 박사가 말을 이었다.

"좋습니다, 사장님께서 그렇게 특별히 부탁을 하시니…. 하지만 이번 한 번뿐입니다. 교육 외에 다른 목적으로 휴머신을 이용해선 안 되거든요."

그러자 훈트의 얼굴 가득 미소가 차올랐다.

"잘 알겠습니다! 이번 한 번 만입니다. 에바다굼! 그 다음엔 뭐라고 해야 하죠?"

온화한 입술

"저기 예수가 많은 사람들에 둘러싸여 가고 있군요."

멜랑주 박사가 한 무리의 사람들을 가리키며 말했다.

그때였다. 훈트가 느닷없이 무리를 향해 달려가기 시작했다.

"훈트 사장님! 훈트 사장님! 왜 그러십니까?"

박사가 다급하게 불렀지만 그는 들은 체도 않고 인파 속으로 파고들어갔다. 박사도 그를 따라 무리 쪽으로 달려갔으나 사람들 속에 파묻힌 그를 찾을 수 없었다. 빽빽한 사람들을 헤치고 훈트는 드디어 팔만 뻗으면 예수의 등이 닿을만한 거리까지 다가가는 데 성공했다. 그는 속으로 '예수님! 제 병도 깨끗이 낫게 해주십시오.'라고 외치면서 팔을 뻗어 예수의 등에 손을 갖다 댔다.

그 순간, 전기충격을 받은 듯 '찌리릿!' 하는 느낌이 그의 무릎을 뚫고 지나갔다. 그와 동시에 한 가냘픈 여인의 손이 예수의 등에 닿는 것이 보였다. 예수가 발을 멈췄다. 함께 몰려가던 사람들도 모두 멈춰 섰다.

"누가 내게 손을 댔소?"

뒤로 돌아선 예수가 사람들을 둘러보며 물었다.

"전 안 만졌습니다."

"저도요."

사람들이 모두 고개를 흔들었다. 훈트는 붉게 상기된 얼굴을 푹 숙였다. 가슴이 덜컹덜컹 울려댔다.

그때 베드로가 예수에게 말했다.

"주님 이렇게 많은 사람들이 미는 것을 아시면서 누가 내 등에 손을 댔느냐고 물으시는지요?"

예수가 다시 말했다.

"누군가 분명 내게 손을 댔다."

훈트는 어느새 망토 속으로 머리를 파묻은 채 얼굴을

가리고 있었다. 가슴은 떨렸지만 '날 못 보겠지, 못 본다고 했잖아.' 하고 마음을 진정시키려 애쓰다가 망토 위로 슬쩍 얼굴을 내밀었다.

순간 그는 심장이 멎을 뻔했다. 예수가, 그 예수가 자신을 똑바로 쳐다보고 있는 것이 아닌가. 분명히 그를 뚫어져라 바라보고 있었다.

'나를 알아본 건가? 이런! 나를 알아본 거잖아!'

순식간에 소용돌이가 그의 머릿속을 휘몰아치고 지나갔다. 그는 할 수 없이 망토를 바로잡고 떨리는 마음을 억누르며 기어들어가는 목소리로 입을 열었다.

"저…, 제가 무, 무릎이 좀 아파서…."

그 순간 "주님!" 하고 누군가 크게 소리쳤다.

한 여인이 몸을 떨면서 예수 앞에 엎드리며 말했다.

"주님! 제가 12년 동안 혈루병을 앓으며 고통을 받다가 예수님의 몸에만 닿으면 나으리라 생각하고 이렇게 무례를 저질렀습니다. 용서해주십시오. 제 손이 주님의 몸에 닿는 순간 병이 나았음을 깨달았습니다."

그러자 예수가 여인을 보고 부드럽게 말했다.

"딸아, 네 믿음이 너를 구원했구나. 평안히 가거라."

그리고는 멍하니 자신을 바라보는 훈트에게로 고개를 돌려 잠시 눈을 마주치더니 살짝 미소를 지어보이는 것이 아닌가! 그러고 나서 예수는 아무 일 없다는 듯 가던 길을 재촉했다. 많은 사람들이 다시 그 뒤를 따르며 웅성거렸다.

혼자 남은 훈트는 이게 꿈인가 생시인가 하고 예수가 지나간 쪽을 멍하니 바라보고 있었다. 그때 누군가 다가와 그의 어깨에 손을 얹었다. 그는 순간 흠칫했다. 멜랑주 박사였다.

"그래, 병은 나으셨나요?"

빙그레 미소를 지으며 박사가 물었다. 그제야 정신이 드는지 그는 자신의 무릎을 여기저기 만져보았다.

"어, 정말 괜찮은 것 같은데요?"

그는 제자리에서 깡충깡충 뛰었다.

"예! 이제 안 아픕니다. 방금 전까지는 조금만 뛰어도 통증 때문에 괴로웠는데, 지금은 정말 하나도 안 아파요! 와아! 이럴 수가!"

훈트는 계속 탄성을 질러대며 어린 아이처럼 기뻐 날뛰었다.

박사는 미소를 띤 채 그가 환호하는 모습을 물끄러미 바라보았다.

"축하합니다, 훈트 사장님!"

그제야 훈트는 정신을 가다듬고 박사에게 사과했다.

두 사람 사이에 한동안 어색한 침묵이 흘렀다.

"정말 죄송합니다, 멜랑주 박사님!"

그가 다시 한 번 사과했다.

"훈트 사장님의 병이 예수님의 은혜로 나은 것은 감사하고 축하할 일입니다. 하지만 하마터면 사장님이 성경에 등장할 뻔했을 뿐만 아니라, 성경의 내용도 바뀔 뻔했습니다. 아까 그 자리에는 나중에 복음서를 기록할 마태와 요한을 비롯한 여러 사람이 두 눈 시퍼렇게 뜨고 보고 있었거든요. 제가 말씀드린 주의사항을 꼭 지켜주시기 바랍니다. 우리는 역사를 바라볼 수는 있지만 그것을 바꿀 권리는 없습니다."

박사는 화가 나 있는 것이 분명했으나 꾹 참고 가급

적 부드러운 어조로 말했다. 더 할 말이 있는 것 같았지만 참는 듯했다.

"예수님의 부드러움을 배우고 있잖습니까? 부드럽게 봐주십시오."

훈트가 어눌한 유머 감각을 발휘하며 애를 쓰자, 박사도 분위기를 바꿔보려는 듯 입을 열었다.

"그런데 예수님이 훈트 사장님을 알아본 것 같던데, 그런 것 같지 않던가요?"

미안함 때문에 다소 풀이 죽어 있던 훈트가 다시 눈을 반짝이며 대답했다.

"알아본 게 틀림없습니다. 그분은 확실히 시공을 초월하고 계십니다. 저를 알아보고 쳐다봤을 뿐만 아니라 미소까지 지어보이셨다니까요."

"예수가 자신을 만진 사람을 찾기 위해 돌아봤을 때 훈트 사장님은 긴장하고 떨었죠? 그때 '애들의 날' 상태가 되어 이 시공 사람들에게 보이게 된 것일 수도 있습니다."

"그렇다면 왜 절 보고 '넌 누구냐?' 하고 묻지 않았을까요?"

"그건 저도 모르겠습니다. 아마 이미 알고 계신 게 아닐까요?

훈트 사장님의 머리털 개수까지 다 세어두셨을 텐데요, 뭐."

"하하하!"

훈트가 웃으면서 말했다.

"'제 머리카락이 몇 개입니까?' 하고 물어볼 걸 그랬군요."

"당신 머리털 수는 알아서 뭐하게? 일련번호 매겨서 아침마다 점호하게? 하시지 않았을까요?"

훈트의 말에 대꾸하며 박사도 마음을 풀고 크게 웃었다.

"그런데 예수가 사람들을 언제나 부드럽게 대하신 것만은 아닙니다. 그분도 화를 내실 때가 있었죠. 특히 그 당시 교만과 위선에 빠져 있던 바리새인들과 서기관들에게 그랬습니다. 지금 같이 가볼 시공은 성경 기록상으로 예수가 가장 분노했던 순간입니다."

거룩한 분노

유대인의 큰 명절인 유월절이 다가올 무렵, 예수는 예루살렘으로 들어갔다. 그는 성전 안에서 소와 양과 비둘기를 파는 사람들과 돈을 바꾸는 사람들이 장사하는 것을 보았다. 분노한 예수는 노끈으로 채찍을 만들어 상인들의 좌판을 둘러엎고, 성전에서 장사하던 사람들을 모두 내쫓으며 말했다.

"이것들을 모두 여기서 가지고 나가시오. 내 아버지의 집을 강도의 소굴로 만들지 마시오!"

이에 유대인들이 따졌다.

"당신이 이런 행동을 해도 된다는 무슨 증표가 있소? 우리에게 보여 주시오."

예수가 대답했다.

"이 성전을 무너뜨리시오. 그럼 내가 사흘 만에 다시 짓겠소."

그러자 유대인들이 놀라며 말하기를 "뭐라고? 이 성전은 46년 동안 지은 것인데, 당신이 3일 만에 다시 짓겠다는 거요?"했으나 더 이상 예수에게 대들지 못하고 물러났다.

훈트가 가슴을 쓸어내리며 말했다.

"휴! 조마조마했습니다. 예수 일행과 유대인 무리가 한판 붙을 뻔했군요. 예수님도 참 대단하시네요. 저렇게 화내며 힘을 사용하는 건 처음 봤습니다. 그런데 이건 부드러운 유머와는 정반대인 험악한 상황 아닙니까?"

"이것이 바로 거룩한 분노입니다. 성전을 허물고 사흘 만에 다시 짓겠다는 말씀은 원래 예수가 돌아가신 뒤 사흘 만에 부활한다는 의미로 하신 말씀이라고 성경의 기록자들은 적고 있습니다.

하지만 그것 말고 또 다른 의미가 있습니다. 제가 알려드리고 싶은 것이 바로 그것입니다. 저 유대인들의 뒤를 따라가 보시지요."

"예?"

훈트가 묻는 사이 멜랑주 박사는 벌써 저만치 걸어가고 있었다.

"빨리 오세요!"

두 사람은 유대인들의 뒤를 한참 따라갔다. 어느 회당

으로 들어간 무리는 그들의 우두머리로 보이는 자에게 분통을 터뜨리며 성전에서 있었던 일을 전했다.

"글쎄 말입니다. 그 예수라는 자가 우리에게 자릿세를 내는 장사꾼들을 다 내쫓아버렸지 뭡니까?"
"뭐야? 이런 빌어먹을! 우린 뭐 먹고 살라고…. 그래서! 가만히 보고만 있었단 말이야?"
그가 인상을 찌푸리며 물었다.
"그래서 우리가 당신이 그럴 권리가 있다는 증거를 대보라고 했죠."
"그랬더니?"
"그랬더니 실성한 소리를 하더라고요."
"뭐라고 했는데?"
"성전을 허물라고요."
"뭐? 성전을 허물어?"
그가 황당한 표정으로 무리를 쳐다보았다.
"예, 우리 보고 분명히 성전을 허물면 자기가 사흘 만에 일으키겠다고 그랬어요."
"뭐? 성전을 허물면 자기가 사흘 만에 다시 일으켜?

하하! 하하하하하하! 어이가 없군, 어이가 없어!"

"제사장님! 이게 웃을 일입니까? 그 자가 계속 성전에서 장사하는 것을 막으면 어떡하죠? 우린 앞으로 어디서 돈을 벌죠?"

제사장이라는 자가 가만히 생각하더니 자신의 무릎을 탁 치며 입을 열었다.

"근데 그 예수라는 자가 눈엣가시 같은 존재이긴 하지만 정말 대단하긴 대단하다."

"그런 자가 뭐가 대단하다는 말씀입니까?"

"이놈들아, 한 번 생각해봐라. 성전을 허물면 예수가 사흘 만에 다시 지어보이는 것으로 장사꾼들을 쫓아낼 권리가 있다는 증표를 보이겠다고 했다며!"

"네, 분명히 저희들의 귀로 똑똑히 들었습니다."

"바로 그거다. 우리가 그 자의 말만 듣고 성전을 허물 수도 없을 뿐더러, 설사 우리가 미친 척하고 성전을 허물었다고 치자. 만의 하나 진짜로 그 자가 사흘 만에 다시 일으킨다면, 그것은 그가 우리를 성전에서 쫓아내도 된다는 증표를 보인 것이니, 우린 더 이상 성전에서 장사를 하지 못하게 된다. 반대로 그 자가 사흘 만에 성전을 일으키지 못한다면!"

"그땐 그 자의 말이 거짓으로 밝혀졌으니 더 이상 우리가 장사하는 것을 막지 못하게 되는 거죠."

"이 멍청아! 그게 문제야? 성전이 없어졌는데 어디서 장사하냐?"

"낄낄낄낄!"

순간 훈트와 멜랑주가 터져 나오는 웃음을 손으로 틀어막았다.

"이래저래 우리는 예수가 살아 있는 한 더 이상 성전에서 장사를 할 수 없게 되질 않았느냐! 허, 참!"

두 사람은 자기 입을 꾹꾹 틀어막으며 그곳을 조용히 빠져나왔다.

"저렇게 깊은 뜻이 있었네요! 정말 대단한 분이십니다. 정말 통쾌하면서도 차원 높은 유머 한 방이로군요! 하하하! 벌어진 입이 다물어지지 않네요!"

훈트의 웃음소리가 땅거미 내려앉은 고대 예루살렘의 차가운 저녁공기를 뒤흔들어놓았다. 한참을 그렇게 웃어대던 그가 갑자기 무슨 생각이 났는지 웃음을 뚝 그쳤다.

"참! 그러고 보니 예수님이 제자들을 부드럽게만 대하지 않은 때가 한 번 있었던 것 같은데요? 그, 뭐더라. 맞다! 제자 중 누군가에게 악마라고 욕한 적 있지 않나요?"

멜랑주 박사가 대답했다.

"욕이요? 욕은 아니었고요. 그 상황도 실제 한 번 보실 필요는 있을 것 같군요. 함께 가시죠."

간접적으로 나무라다

예수가 자신이 많은 고난을 받고 사람들에게 버림받아 죽임을 당하고 사흘 만에 되살아나야 할 것을 비로소 제자들에게 밝혔다. 그러자 베드로가 예수를 붙들고 말했다.

"주님, 그건 안 됩니다. 어떤 일이 있어도 그런 일이 주님께 일어나지 않게 하겠습니다!"

이에 예수가 베드로 앞에서 몸을 옆으로 살짝 돌리더니, 마치 베드로 옆에 사탄이 서 있기라도 하듯 꾸짖는 것이었다.

"사탄아! 너는 나를 넘어지게 하는 자다. 내 뒤로 썩 물러가라!"

그러고는 다시 베드로를 향해 온화한 어조로 말했다.

"네가 하나님의 일을 생각지 아니하고 도리어 사람의 일을 생각하는구나."

"이 장면 말씀하시는 거죠? 예수는 베드로를 직접 나무라지 않고 마치 사탄을 꾸짖는 듯 나무라면서, 베드로에게 자신의 길을 막지 말라는 메시지를 부드럽게 던진 겁니다."

하지만 훈트는 아직도 시원스럽지 않다는 표정이었다.

"저, 멜랑주 박사님. 박사님의 말씀을 듣고 보니 그런 것 같기도 한데, 제가 서 있는 쪽에서는 구분이 잘 안 됩니다. 이 장면을 다시 한 번 보면 안 될까요?"

그러자 박사는 시간을 5분 앞으로 되돌렸다. 이번에는 훈트가 베드로 바로 뒤에 서서 그의 머리 옆으로 살짝 고개를 내밀고 예수의 얼굴을 바라보았다. 동영상을 리플레이 하듯 예수가 다시 베드로를 꾸짖고 있었다.

　훈트가 박사 옆으로 다가오며 말했다.
"예, 베드로에게 직접적으로 사탄이라 부른 건 아닌 듯합니다.
　그런데 저 때 베드로의 심정은 어땠을까요?"
"말도 마십시오, 간이 콩알만 해졌지요. 하지만 예수님의 뜻을 분명히 알 수 있었기 때문에 그분이 하고자 하는 바를 더 이상 말리지 말자는 생각이 들었습니다. 그리고 좀 웃음도 나면서 감사하더라고요. 나를 직접 혼내지…."
　순간, 박사는 입을 다물었다. 훈트가 의미심장한 눈길로 자신을 뚫어져라 쳐다보고 있었기 때문이다. 사실 그는 얼마 전부터 박사가 자꾸 베드로가 아닌가 하는 의심이 들어 유도심문을 하고 있었던 것이다.
　멜랑주 박사가 두 눈을 껌뻑이며 다시 말을 이었다.
"… 않아서 고마운 생각이 들더라는 말을 조금 있다가 베드로가 다른 제자들에게 토로하는 상황이 나옵니다."

'이 사람, 잘도 빠져나가는군.' 하고 훈트는 생각했다.

"자, 굳이 거기까지 직접 보실 필요는 없을 것 같고. 피곤하실 테니 오늘은 이만 돌아가도록 하겠습니다."

멜랑주 박사는 훈트의 대답도 기다리지 않고 서둘러 앞장섰다.

다음날 출근길에 오른 훈트 사장의 머릿속은 온통 예수의 부드러운 언행과 따스한 미소로 가득 차 있었다.

'어떻게 그렇게 부드러울 수가 있지?'

예수의 부드러운 유머를 직접 목격한 데다 무례하게 끼어든 자신을 너그러운 미소로 대해주지 않았던가. 어찌 보면 예수는 훈트 자신과 정반대되는 인물이었다. 그는 조금만 마음에 안 들면 직원들에게 '머리를 장식으로 달고 다니냐?' 하고 쏘아붙이거나 '당신들에게 주는 월급이 아깝다.'라고 면박을 주는 일이 허다했다. 회사에 손실을 입힌 식원에게 고함을 쳐서 결국 그만두게 만든 적도 여러 번이었다. 어제도 알래스카에 파견 나간 직원들 때문에 언성을 높이지 않았던가. 예수와의 만남이 거듭될수록 자꾸만 자신을 돌아보게 되었다.

'그건 그렇고 멜랑주 박사, 정말 베드로 아냐? 키도 비슷하던데….'

예수가 베드로를 꾸짖는 상황을 반복해서 보려고 했던 것도 사실은 베드로에게 가까이 가서 그의 얼굴 생김새와 키를 자세히 살펴보려는 의도가 있었다. 하지만 베드로의 얼굴이 워낙 수염과 털로 뒤덮여 있어, 터럭 하나 없이 깨끗한 멜랑주 박사와 비교가 잘 되지 않았다. 단지 키는 얼추 비슷해 보였다.

'하지만 베드로가 죽어서 멜랑주 박사로 다시 태어났다는 얘기는 기독교 교리가 아니잖아! 그럼 도대체 뭐지? 이 비슷한 느낌은….'

다음날, 아침 일찍부터 임원회의가 있어 훈트는 곧장 회의실로 올라갔다. 십여 명의 임원들은 이미 회의실에 자리를 잡고 있었다. 훈트는 그들과 가볍게 인사를 나눈 뒤 자리에 앉았다. 그런데 법인조직 영업담당 슈마허 이사의 자리가 비어 있었다. 평소 같으면 인상을 꽉 쓰면서 어디 갔느냐고 했겠지만, 그날따라 이상하게 별 말을 하고 싶지 않았다.

오전 11시 30분쯤 되자 회의실 문이 조용히 열리면서 슈마허 이사가 '쥐구멍에라도 들어갔으면 좋겠어요.' 하는 표정으로 들어왔다. 임원들 모두 '저 친구, 사장 성격 알면서 왜 저래?' 하는 생각으로 마음을 졸이고 있었다.

이윽고 훈트가 입을 열었다.

"어, 슈마허 이사 이제 오나? 우리 회의 끝나고 지금 점심으로 사료 먹으러 갈 참이었는데 같이 가세." 사료회사 직원들은 식사를 농담으로 '사료'라고 부르는데, 훈트가 직원들 앞에서 처음으로 그 농담을 한 것이다.

'응!? 뭐야, 훈트 사장이 농담을 다하네?'

임원들은 뜻밖의 상황에 다들 의외라는 표정을 지었다. 피식하는 웃음소리도 새어나왔다.

"아, 네…."

슈마허 이사는 처음 겪는 훈트의 농담에 뭐라고 대답할지 몰라 엉거주춤 서 있었다.

"우리 모두 점심 메뉴를 프로플랜 댕(개 사료 브랜드)으로 통일했어."

훈트가 익살맞은 표정으로 계속 말했다.

"자넨 뭐로 할 텐가? 팬시피스트 냥(고양이 사료 브랜드)으로 할 텐가?"

또 한 번 피식하는 웃음소리가 여기저기서 새어나왔다.

회의가 끝나고 훈트가 자리를 뜨자 그들은 서로 얼굴을 쳐다보며 놀란 표정을 지어 보였다.

"사장, 오늘 이상하지 않아?"

"글쎄 말이야, 회의에 늦는 걸 그렇게 싫어하면서."

"원래는 뭐가 하나 날아가야 정상인데, 아침 사료를 잘못 먹었나?"

Happining

"비유로 전하는 것이 훨씬 더 기억에 강하게 남고,
또한 멀리 퍼지기 때문입니다."

네 번째 계단

마음을 사로잡는 비유

"오늘은 인류 역사상 가장 유명한 유머를 들으러 가겠습니다."

멜랑주 박사가 말했다.

'인류 역사상 가장 유명한 유머?'

훈트는 강한 호기심을 느끼며 그를 따라나섰다.

인류 역사상 최고의 유머

예수가 군중들 틈에 서서 이야기하고 있었다.

"여러분은 '너의 이웃을 사랑하고 너의 원수를 미워하라.'는 말을 들었을 것이오. 하지만 나는 이렇게 말하겠소. 원수를 사랑하시오."

순간 군중들은 당황하여 멍한 표정으로 예수를 바라보았다. 그리고는 이내 여기저기서 어이없다는 듯 웃음이 터져 나왔다.

"여러분의 원수를 사랑하고 여러분을 박해하는 자를 위해 기도하시오. 이같이 한다면 하늘에 계신 아버지의 아들이 될 것이오. 하나님은 악인과 선인에게 똑같이 햇빛을 비추시며, 의로운 자와 불의한 자에게 똑같이 단비를 내려주십니다. 만일 여러분이 여러분을 사랑하는 사람만 사랑한다면 무슨 상을 받을 수 있겠소? 여러분이 그렇게 무시하는 세리도 그 정도는 하지 않소? 그러므로 하늘에 계신 아버지가 완전하신 것처럼 여러분도 완전하시오."

예수의 이야기가 끝나고 군중이 흩어지자 멜랑주 박사가 훈트에게 말했다.

"저 유대인 중 한 사람을 따라가 봅시다."

두 사람은 유대 여인의 뒤를 따라 걸음을 옮겼다.

"그런데 인류 역사상 가장 유명한 유머는 도대체 뭡니까? 언제 나오는 거죠?"

박사가 젊은 여인의 뒤를 바삐 좇으며 대답했다.

"벌써 나왔잖아요!"

"네? 언제요?"

"예수께서 원수를 사랑하라고 말하지 않으셨습니까!"

박사의 말에 훈트가 흠칫 놀라며 물었다.

"네? 그럼 원수를 사랑하라는 말이 인류 역사상 가장 유명한 유머라는 건가요?"

"그렇습니다, 저 여인을 따라가 보면 그 이유를 알게 될 겁니다."

여인은 전형적인 고대 유대식 집으로 들어갔다. 두 사람도 조용히 그녀 뒤를 따라 들어갔다. 대낮인데도 집 안은 동굴처럼 어두컴컴했다.

"어머님, 다녀왔습니다!"

여인이 인사하자 방에 누워 있던 노파가 거친 목소

리로 대답했다.

"오냐! 그래, 오늘은 예수님이 무슨 말씀을 하셨느냐?"

"어머님, 예수님이 오늘 너무 재미있는 말씀을 하셨어요."

여인은 아직도 우스운 듯 호호거리며 대답했다.

"예수님 말씀이 웃기고 재밌는 거야 세상이 다 아는 일이잖니? 아이고, 나도 빨리 나아서 들으러 가야 할 텐데…. 그래, 오늘은 무슨 말씀을 하셨느냐?"

노파가 재차 물었다.

"글쎄, 원수를 사랑하라고 하시지 뭐예요?"

"뭐? 원수를 사랑해?"

노파는 자리에서 벌떡 일어나며 자지러지게 웃어댔다.

"오호호호! 얘, 너 뭐 잘못 들은 거 아니니? 원수는 돌로 쳐 죽여도 시원치 않을 텐데, 원수를 갚지 말라는 것도 아니고, 사랑까지 하라고? 호호호호호! 어이없지만 그 말 한번 너무 웃기는구나."

여인이 대답했다.

"글쎄, 제가 분명히 들었어요. 그 얘기를 듣던 모든 사람이 황당해서 피식피식 웃었다니까요. 원수를 위해 기도까지 해주라고 하시던데요?"

"게다가 기도까지? 얘, 그건 내가 팔십 평생 살아오면서 들어본 가장 별스러운 얘기로구나."

멜랑주 박사가 이제 그만 나가자는 손짓을 보내자 훈트도 조용히 그를 따라 나왔다.

웃기지 않는 이유

"이 시대 사람들에겐 그게 그렇게 웃긴 말인가 보네요?"

훈트는 전혀 믿기지 않는다는 듯 말했다.

"시대의 문제가 아니라 처음 들어봤는가, 아닌가의 차이입니다. 훈트 사장님을 비롯해 기독교 문화를 접한 사람들은 대개 어려서부터 '원수를 사랑하라.'는 말을 종종 들었을 겁니다. 그래서 이 말이 별로 낯설게 느껴지지 않는 것뿐이죠. 하지만 이 시대 사람들에겐 생전 들도 보도 못한 혁명적인 메시지였습니다."

"아, 그도 그럴 것 같군요."

두 사람은 박사의 사무실로 돌아온 뒤에도 그 이야기를 이어갔다.

"똑같은 코미디를 두 번째 보면 별로 웃음이 안 나옵니다. 이미 그 결말을 알고 있기 때문이죠. '부자가 천국에 들어가는 것이 낙타가 바늘구멍에 들어가는 것보다 어렵다', '오른손이 한 일을 왼손이 모르게 하라.', '네 눈에 들보는 못 보면서 남의 눈의 티끌을 빼라고 한다.', '눈먼 인도자들아! 너희는 하루살이는 이빨 틈새로 걸러내면서 낙타는 삼키는구나!' 등처럼 수많은 성경 유머들이 오늘날 더 이상 웃음을 자아내지 못하는 이유도, 수천 년 동안 사람들 입에 오르내리면서 속담이나 관용구처럼 굳어져 버렸기 때문입니다."

"하지만 그 말이 맨 처음 예수님의 입에서 나왔을 땐 폭소를 자아내고도 남았다는 말씀이군요."

"바로 그렇습니다. 실제로 교회 주일학교에서 이런 말을 처음 듣는 어린아이들은 큰 웃음을 터뜨립니다. 물론 성인이 되기까지 한 번도 들어보지 못한 사람이라면, 이들 역시 이 말을 처음 접하는 순간 웃음을 터뜨릴 가능성이 높겠지요."

훈트는 그제야 자신이 '인류 역사상 가장 유명한 유머'에 웃지 않았던 이유를 깨달았다.

"하긴 '원수를' 하면 그 뒤에는 '공격하라' 또는 '용서하라'는 말이 오는 게 자연스럽지요. '사랑하라'가 오면 왠지 부자연스럽네요. 이런 어색한 문장이 웃음을 만들어내는 건가요?"

훈트의 해석에 박사가 감탄하는 듯 말했다.

"유머 이론으로는 격차라고 부릅니다. 훈트 사장님! 유머의 세계에 들어오신 지 며칠 안 됐는데 벌써 유머를 분석적으로 보는 눈이 생기셨군요? 하하하!"

멜랑주 박사의 칭찬에 으쓱해진 훈트가 계속 말을 이었다.

"우리 집 아이들이 어렸을 때 처음 주말농장에 갔던 기억이 납니다. 그때 농장에서 밀짚모자를 쓴 전형적인 농부차림의 남자가 일하고 있었는데, 제 큰아이가 그를 보더니 '농부 아저씨다!'라고 소리치더군요. 그 옆에는 딸로 보이는 소녀가 함께 일하고 있었지요. 그러자 이번엔 작은애가 소리를 질렀습니다. '농부 누나다!' 이 일은 두고두고 우리 가족에게 웃음을 주는 얘깃거리가 되었습니다."

그의 이야기에 박사도 웃으며 말했다.

"바로 그겁니다. '농부'라는 말 뒤에 '아저씨' 대신 '누나'가 오는 것만으로도 격차가 벌어져 웃음이 터져 나오는 거죠. 이것을 아이러니 기법 또는 모순 어법이라고 부릅니다."

"원수를 사랑하라는 말이 유머러스하다는 점은 이제 이해됩니다. 하지만 예수님이 진지하게 하신 말씀을 유머라고 하는 건 좀 그렇지 않나요?"

그러자 박사는 이번엔 다소 실망스럽다는 표정을 지으며 대답했다.

"훈트 사장님은 아직도 유머를 실없는 농담이나 우스갯소리 정도로만 생각하시는군요."

'좀 전엔 나보고 유머에 대한 이해수준이 상당하다고 칭찬하더니….'

훈트는 속으로 생각했다.

"물론 농담이나 우스갯소리도 유머이긴 합니다. 하지만 진실을 담는 유머도 있는 것이죠. 예수의 유머에는 행복을 주는 유머도 있고, 쉽게 이해시킬 목적으로 사용된 유머도 있고, 상처를 치유하는 유머도 있지 않았습니까?"

이제 조금은 이해된다는 듯 고개를 끄덕이던 훈트가 물었다.

"그럼 원수를 사랑하라는 말씀은 어떤 유머인가요?"

멜랑주 박사가 잠깐 뜸을 들이더니 뭔가 대단한 발표라도 하듯 드라마틱하게 말했다.

"머리에 '콱' 박히게 하기 위한 유머였습니다."

"예수시대를 전후로 자칭 선지자들이라 주장하는 많은 사람들이 메시지를 설파하고 다녔습니다. 예수도 이런 경쟁 속에서 자신을 확실히 차별화시킬 메시지가 필요했겠지요. 이때 그가 들고 나온 말이 바로 '원수를 사랑하라.'였습니다. 이 특이한 메시지는 당시 민중들의 뇌리를 파고 들었습니다. 뿐만 아니라 2천 년 동안 예수 하면 떠오르는 가장 상징적인 캐치프레이즈가 되어온 것이지요."

"네, 그렇군요."

언젠가 훈트는 이런 얘기를 들은 적이 있다.

한 여학생이 어느 미국 대학의 입학 원서에 적힌 질문 때문에 고민하고 있었다.

'당신은 지도자인가?'

실의에 빠진 여학생은 할 수 없이 양심껏 '아니다'라고 써서 보냈고, 당연히 떨어졌을 거라고 생각했다.

이윽고 지원한 대학으로부터 회신이 왔다.

지원자 귀하.

귀하의 지원서를 심사한 결과를 알려드리겠습니다.

우리 대학은 금년에 1,452명의 새로운 지도자를 맞이하게 되었습니다. 우리 심사위원들은 이들 1,452명의 새 지도자들에게 최소한 한 명의 추종자는 반드시 있어야 한다고 생각하여 귀하의 입학을 .... 허가하기로 결정하였습니다.

이처럼 예수도 머리에 콱 박히는 메시지를 전달함으로써 자신을 차별화시켰다는 말인가?

"그런데 박사님! '원수를 사랑하라.'는 말은 사람들에게 거부감을 주지 않습니까? 이 말을 처음 들은 사람들은 대개 '나 원, 참! 어떻게 원수를 사랑하나?'라는 반발심이 생기지 않을까요? 아까 예수가 그 말을 했을 때 감동받는 사람들도 보였지만, 그보다 많은 사람들이 어이없다는 표정을 짓는 것 같던데요?"

"네, 훈트 사장님 말씀도 일리가 있습니다. 다른 사람들에게 어떤 메시지를 전달할 때는 공감대와 호응을 이끌어내야 하는 법이죠. 그런데 '원수를 사랑하라.'는 말은 일방적인 양보를 요구해서 환영받기 힘든 것처럼 보일 수도 있습니다. 하지만 과연 이 말이 어느 한쪽의 손해만을 강요하는 메시지일까요?"

멜랑주 박사는 자신의 책상 서랍에서 성경을 꺼내 펼쳤다.

"자, 그렇다면 자칫 거부감까지 줄 수 있는 이 말씀이 어떻게 예수님의 대표적인 메시지가 되었는지 성경을 한 번 볼까요?"

박사는 익숙한 손길로 책장을 넘기더니 원하는 대목

들을 단박에 찾아냈다. 그리고는 훈트를 한 번 쳐다보고는 조용히 그 구절을 읽어 내려갔다.

> 너희가 비판하는 그 비판으로 너희가 비판을 받을 것이요. 너희가 남을 판단하는 그 잣대 그대로 너희가 판단을 받되 오히려 더 많이 받을 것이다.
> ― 마태복음 7장 2절

> 그러므로 비판하지 말라. 그러면 너희가 비판받지 않을 것이다. 정죄하지 말라. 그러면 너희가 정죄 받지 않을 것이다. 용서하라. 그러면 너희가 용서받을 것이다.
> ― 누가복음 6장 37절

> 무엇이든지 남에게 대접받고자 하는 대로 너희도 남을 대접하라.
> ― 마태복음 7장 12절

"훈트 사장님께서 '원수를 사랑하라는 말은 내게 너무 손해입니다.' 하고 예수님께 따져 물으신다면 그분은 아마 이렇게 되물으실 겁니다."

'너는 원수.. 안될 거 같냐?'

순간 훈트는 망치로 머리를 한 대 '뎅~' 하고 맞은 것 같았다.
"맞습니다. 원수를 생각하면 어떻게 보복할까만 생각했지, 우리 자신이 남의 원수가 되는 건 미처 생각 못했네요!"
멜랑주 박사가 웃으면서 자리를 정리했다.
"사실 예수님이 자신을 차별화시키려는 의도로 이 메시지를 내놓은 것인지는 정확히 알 수 없습니다. 인간을 창조한 창조주로서 인류에게 가장 필요한 메시지라고 생각했을 수도 있겠지요. 다만 그 의도가 무엇이든 간에 예수가 탁월한 유머 감각을 바탕으로 던진 이 한마디는 웃음이 나올 만큼 충격적이었고, 그리하여 인류의 뇌리에 가장 확실히 각인된 메시지 중의 하나가 된 것입니다."
"박사님 말씀을 들으니, 당시 로마제국의 핍박과 기

득권 바리새인들의 횡포로 마음이 닫혔던 사람들에게 예수의 메시지는 그야말로 혁신이었다는 생각이 드네요."

"오! 맞습니다. 훈트 사장님. 그리고 사람들의 기억에 메시지를 확실히 남기려는 의도로 유머 감각을 발휘한 일도 있었습니다. 제자들의 발을 씻겨준 사건이죠. 가보실까요?"

행동으로 보여주다

박사는 훈트와 함께 예수가 제자들의 발을 씻기는 현장으로 이동했다.

예수는 제자들의 발을 일일이 손으로 씻기고 있었다.

"발은 사람의 몸 중에서 가장 잘 더러워지는 부분이죠. 모래 먼지가 많은 사막지대에 살던 고대 이스라엘 사람들은 신발마저 구멍이 숭숭 뚫린 구조로 되어 있어, 맨땅을 조금만 걸어도 발은 쉽게 흙 범벅이 되었습니다. 게다가 이때는 물도 귀했죠."

훈트가 장면 하나하나를 차분히 관찰하다가 입을 열었다.

"저 물 좀 보세요. 금방 시궁창 물처럼 새카매졌네요. 그런데도 예수님은 그 더러운 물에 서슴없이 손을 담가 발을 씻기시는군요."

"저런 까마귀 발들을 씻기시는 저분이 바로 지극히 높으신 분이라는 사실을 한 번 상기해 보십시오. 어떤 느낌이 드시나요?"

"흠.. 일단 숙연해집니다. 그리고 또 무슨 느낌이 드는데, 뭐더라…."

"왕자와 거지 동화에 나오는 휘황찬란한 옷을 입던 왕자가 별안간 거지 옷을 입고 나타나는 장면을 보는 것과 비슷한 느낌이 안 드나요?"

"네! 맞아요. 바로 그겁니다. 유머러스하기도 합니다!"

훈트가 손뼉을 치며 동의했다.

"그런데 도대체 왜 예수님께서는 저렇게 시커멓고 우락부락한 사내들의 냄새나는 발을 씻기고 계시는 겁니까?"

그의 질문에 박사가 살짝 미소를 지어 보였다.

"그는 그 이유조차 유머적인 비유로 이렇게 말했습니다."

'내가 주와 또는 선생이 되어 너희 발을 씻겼으니 너희도 서로 발을 씻기는 것이 옳다.'

"예수는 남을 섬기라는 메시지를 말로 하지 않고 유머러스한 퍼포먼스로 보여줌으로써 제자들의 머리에 '섬김'이라는 확실한 교훈을 남기려 했던 것입니다. 성경은 이 대목을 '내가 너희에게 행한 것 같이 너희도 행하게 하려고 본을 보여준 것이다.'라고 적고 있습니다."

훈트는 비로소 고개를 끄덕이며 사뭇 경건한 표정을 지었다.

"이제 예수가 승천한 뒤 제자들이 본격적으로 복음을 전하기 시작했을 때로 가보시죠. 에바다굼!"

"동굴인가요? 너무 컴컴한데요."

"초기 기독교인들이 로마의 탄압을 피해 숨어서 예배드리던 카타콤입니다."

베드로가 사람들 앞에 서서 말씀을 증거하고 있었다.

"여러분! 다른 사람 위에 군림하려 하지 마십시오. 오히려 섬기십시오."

이윽고 얼굴 가득 미소를 띠고 말을 이어갔다.

"우리 제자들이 주님과 함께 다닐 때 이런 일이 있었습니다. 주님이 어느 날 밤, 식사를 마치고 대야에 물을 떠오라고 하셨습니다. 처음에 나는 '식사도 다 했는데 왜 또 손을 씻으시려는 걸까.'라고 생각하며 물을 떠왔지요. 그런데 주님이 갑자기 그 물로 우리의 발을 씻겨 주시는 게 아니겠습니까?"

듣고 있던 사람들이 웅성거리기 시작했다. 어떤 사람들은 황당하다는 표정으로 웃었고, 또 어떤 사람들은 도무지 못 믿겠다는 듯이 "정말인가요?", "진짜 예수님이 그러셨나요?" 갖은 질문을 던졌다.

베드로는 웃으면서 대답했다.

"하하하하! 다들 믿을지 모르겠지만 사실입니다."

그는 자신의 한쪽 발을 들어 보이며 우쭐한 태도로 말했다.

"이래 뵈도 이게 보통 발이 아닙니다. 주님의 손으로 닦아주신 '신의 발'입니다. 그날 이후 저는 발 닦는 일에 신경 쓰지 않습니다. 주님이 한 번 닦아주셨으면 됐지, 또 닦을 필요가 뭐 있겠습니까? 그러니 혹시 제 발에서 냄새가 좀 나더라도 달리 생각지는 마십시오."

베드로의 재치에 사람들이 웃음을 터뜨렸다.

"주님이 발을 닦아주실 때 저는 머리가 어떻게 되신 게 아닐까 생각했습니다. 먼젓번 복음서 기록자들은 이 일을 적어놓지 않았습니다. 그래서 '그렇게 귀한 일을 왜 빠뜨렸느냐.'고 물었더니 그들도 그 의미를 잘 몰랐다고 하더군요. 곧 우리의 형제 요한 사도가 복음서 신간을 낸다고 하는데, 그는 이 일을 적어놓았다고 합니다. 저는 아직도 그분이 제 발을 씻겨주시던 그 손길의 감촉과 모습이 잊히질 않습니다. 그래서 저는 그 일이 생각날 때마다 '형제를 정말 잘 섬겨야지.' 하고 다짐하게 됩니다. 여러분! 형제더러 우리의 발을 씻겨달라고 요구하지 말고, 오늘 집으로 돌아가서 형제의 발을 씻겨주십시오. 이것이 그분께서 말씀하시는 섬김입니다!"

비유의 힘

시공 여행을 마치고 돌아온 두 사람은 푹신한 소파에 마주 앉았다.

"훈트 사장님도 직접 보고 들으셨지만, 예수는 성전에서 장사하는 사람들을 내쫓으면서 이렇게 말했습니다. '성전을 헐라. 내가 사흘 만에 다시 짓겠다.' 하지만 초자연적 능력을 지닌 그의 정체를 모르는 사람들에게 이 말은 한낱 허풍으로 들렸죠. 그의 제자들조차 '이런 황당한 말씀을 도대체 왜 하시는가?' 하고 의아해했으니까요."

"아마 그 당시 사람들에겐 머리가 멍해지는 얘기였겠지요."

"전에도 잠깐 말씀드렸듯이 이 유머는 예수 자신의 몸을 성전으로, 부활을 다시 성전을 짓는 것으로 비유한 것이라고 해석되어 왔습니다. 어쨌거나 이 비상식적이고 대담한 발언은 당시 사람들에게 예수 하면 떠올리는 트레이드마크가 되었지요. 예수가 잡혀 심문받을 때 그를 잡아넣으려는 사람들도 '저 사람이 성전을 허물면 사흘 만에 일으키겠다고 했다.'며 걸고넘어졌죠. 십자가에 못 박혔을 때 그를 조롱하는 사람들도 '성전을 허물고 사흘 만에 다시 짓는 자여, 스스로를 구원해보라.'며 예수와 그 말을 연결시켰습니다. 그렇다면 예수는 말 많고 탈 많은 이 말을 도대체 왜 했을까요?"

훈트는 박사의 말에 푹 빠진 채 의자 깊숙이 몸을 기댔다. 이 자리가 아니면 어디서 이런 흥미진진한 얘기를 들을 수 있겠는가? 새삼 유머교육을 받으러 오길 잘했다는 생각까지 들었다. 훈트의 의중을 눈치 챘는지 박사는 싱긋 웃더니 마치 대단한 비밀이라도 공개하는 양 이야기를 펼쳐나갔다.

"가장 중요한 이유는 나중에 자신이 부활했을 때 그것이 진실임을 증명하려는 예비 작업을 위해서였습니다. 조용히 있다가 느닷없이 부활해서 '나 부활했으니 믿어라.'는 것보다는 미리 얘기해 나중을 대비해두는 쪽이 실제로 부활했을 때 진실로 받아들여지기 쉬울 테니까요. 그런데 여기에는 한 가지 의문이 있습니다. 예수는 제자들에게 자신이 죽은 지 사흘 만에 다시 살아

날 것이라고 직접 얘기해주었습니다. 그러나 대중들에게는 '사흘 안에 성전을 다시 짓겠다.'라며 우회적으로만 언급했지요. 왜 그랬을까요? 예수는 왜 대중들에게 자신의 부활 계획을 직접 말하지 않고 비유로 숨겼을까요?"

"그렇게 직설적으로 얘기했다면 정신 나간 사람 취급을 받지 않았을까요?

훈트가 한마디 거들고 나섰다.

"맞습니다. 여기에는 대략 두 가지 이유가 있는데, 훈트 사장님께서 지금 그 첫 번째 이유를 말씀해주셨습니다. 예수는 제자 이외의 사람들에게는 어차피 부활을 이해시키기도 힘들고, 말해봐야 믿지도 않을 거라고 생각했을 겁니다."

"그래도 '성전을 헐라. 내가 사흘만에 다시 짓겠다.'는 한마디 말로 성전에서 장사하던 유대인들을 꼼짝 못하게 하는 장면을 봤을 때는 정말 통쾌하더군요."

"자, 그럼 다음 두 번째 이유로 넘어가겠습니다. 이 두 번째 이유가 가장 중요하니 잘 들어보십시오. '내가 죽은 뒤 사흘 만에 부활할 것이다.'라고 직설적으로 말하는 것보다는 '성전을 허물면 사흘 안에 다시 짓겠다.'라는 비유로 전하는 것이 훨씬 더 기억에 강하게 남고, 또한 널리 퍼지기 때문입니다. 그리고 나중에 그 의미를 깨달았을 때 감동과 기쁨은 더욱 커지는 법이죠. 이것을 유머에서는 '유즈닝Husoning 기법' 또는 '우회 기법'이라 부릅니다."

박사는 훈트의 이해를 돕기 위해 성서를 펼쳐 한 대목을 읽어주었다.

예수가 성전된 자신의 육체를 가리켜 그렇게 비유로 말씀하셨는데, 죽은 자 가운데서 사흘 만에 살아나신 후에야 제자들이 이 말씀하신 것을 기억하고 성경과 예수께서 하신 말씀을 믿었다.

— 요한복음 2장 21-22절

"아하! 기억에 오래 남는 말이라야 부활의 예고편 역할을 훌륭히 수행할 수 있다는 얘기군요! 그런데 그 말을 사람들에게 널리 퍼뜨려야 할 이유가 있었나요?"

"그 점에 대해서는 저와 함께 직접 눈으로 보고 귀로 들어보시는 게 좋을 것 같습니다."

멜랑주 박사는 훈트를 다시 휴머신으로 안내한 뒤 '에바다굼!'을 외쳤다.

마음을 사로잡다

예수가 십자가에서 죽은 후 로마 군병들은 그의 시신을 한 굴에다가 안치한 후 지켰다. 예수가 부활하여 무덤에서 사라지자 그곳을 지키던 경비병들이 대제사장들에게 그 사실을 알렸다. 그들은 장로들과 함께 모여 의논한 후 경비병들에게 많은 돈을 주면서 말했다. '너희는 말하기를, 그의 제자들이 밤에 와서 너희가 잘 때 그를 도둑질하여 갔다 하라. 만일 이 말이 총독에게 들리면 우리가 잘 말해서 너희들에게 피해가 가지 않게 해주겠다.' 이렇게 해서 경비군인들이 돈을 받고 가르친 대로 거짓소문을 퍼뜨렸으니, 이 말이 오늘날까지 유대인 가운데 두루 퍼지게 되었다.

— 마태복음 28장 11-15절

휴머신의 문이 열린 곳은 시장이었다. 그 한쪽에 여러 사람이 모여 얘기하는 광경이 눈에 들어왔다. 그들 중 하나가 말했다.

"예수의 시체를 그의 제자들이 몰래 훔쳐 갔다던데요?"

그러자 다른 사람이 말했다.

"훔쳐간 게 아니라 다시 살아났다고 하던데요?"

이번에는 또 다른 사람이 궁금해서 못 견디겠다는 듯 발을 동동 구르며 말했다.

"그럼 대체 뭐가 맞는 거야? 시체를 훔쳐간 거야, 아니면 살아서 걸어 나간거야?"

그때 비둘기 장사꾼이 끼어들었다.

"그러고 보니 예수라는 사람이 그런 말을 했었잖아. 성서을 부수면 자신이 사흘 만에 다시 일으키겠다고 말이야."

"그래, 맞아. 그 말은 나도 들었는 걸."

모두 그 사실을 쉽게 기억해내는 것 같았다. 비둘기

장사꾼이 다시 말했다.

"들자하니 그 말이 바로 예수가 죽은 뒤 사흘 만에 살아나겠다는 뜻이었다더라고."

그러자 거기 있던 사람들이 일제히 고개를 끄덕이며 말했다.

"아하, 그게 그런 뜻이었구나! 처음 그 말을 들었을 땐 얼마나 황당하고 웃음이 나던지…. 그 속 깊고 진실하신 분이 난데없이 왜 그런 허풍을 떠시는지 이해가 안 됐었는데, 그런 깊은 뜻이 있었군."

"그럼 제자들이 시체를 훔쳐갔다는 얘긴 또 뭐야?"

무리 중 하나가 다시 의문을 제기하자 비둘기 장사꾼이 바로 대답했다.

"그거야말로 지어낸 얘기 아닐까? 난 성전을 사흘 만에 짓겠다고 한 것이 부활을 예언한 말이라는 쪽에 믿음이 가는데?"

"왜?" 하고 사람들이 묻자 그가 대답했다.

"예수가 성전에서 장사하던 사람들을 쫓아낼 때 나도 거기 있었거든. 글쎄, 예수가 내 좌판을 가장 먼저 둘러

엎었다니까! 그때는 나도 몹시 화가 났었지만, 지금에 와서 돌이켜보면 그때 그의 눈빛은 절대 허풍 떠는 자의 눈빛이 아니었어. 다른 건 속여도 눈빛이야 속일 수 없잖은가! 자신감에 넘치면서도 반드시 해내고야 말겠다는 결연한 의지가 담긴 눈빛이었다고. 그러니까 우리가 그 눈빛에 압도당해 맥없이 물러난 거지. 말도 마, 저항은커녕 범접하기조차 힘든 기운이 그의 온몸에서 뿜어져 나왔다니깐!"

모두 고개를 끄덕이며 그의 말에 귀를 기울이고 있었다.

"그런데 말이야 당신들 참 이상하군, 어째서 우리 이웃의 병을 고쳐주고 우리를 위해 애쓰다 죽은 우리 형제의 말을 믿지 않고, 우리를 탄압하고 노략질해가는 저 간악한 로마병사들의 말을 믿는단 말인가?"

멜랑쥬 박사는 고개를 끄덕였다.

"유머는 기억을 강하게 자극하여 오래 남기기 때문에 널리 퍼져나가는 구전의 힘이 매우 셉니다. 당시 모든 유대 백성들의 머릿속에 확고히 자리 잡고 있던 '사흘 만에 성전을 일으키겠다.'라는 유머는 '예수의 시체를 제자들이 훔쳐갔다.'는 헛소문이 뿌리내리지 못 하도록 차단하는 역할을 했던 것이지요. 예수는 십자가에 못 박히기 훨씬 전부터 앞으로 전개될 상황들을 미리 알고 대비했던 겁니다."

Happining

"남이 뭐라 하든 옳은 일을 행하고 말하는 것이
곧 지혜입니다."

다섯 번째 계단

휘둘리지 않는 평정심

"훈트 사장님, 오늘은 표정이 유달리 어두워 보이시네요."

자신의 사무실로 들어서는 훈트를 보고 멜랑주 박사가 인사를 건넸다.

'음…, 역시 표정은 속일 수가 없군.' 하고 생각하며 그는 에둘러 대답했다.

"제 표정이 원래 그렇지 않습니까? 그래서 웃음과 유머도 배워보려는 거고요."

사실 그의 회사에서는 요즘 여러 가지 안 좋은 일들이 계속 터지고 있었다. 거래처 기업에 대놓고 훈트펫을 비방하던 비틀러 씨가 점점 그 수위를 높여가고 있었던 것이다. 이 일로 그의 주요 거래처 하나가 다른 경쟁 업체에도 주문을 내기 시작해 판매 물량이 절반 이하로 떨어졌다. 뿐만 아니라 오늘은 공장에 안전사고가 발생해 직원 한 명이 다치기까지 했다. 다행히 큰 부상은 아니었으나, 이래저래 불길한 일들이 꼬리에 꼬리를 물고 있었다. 얼마 전, 회사의 요직을 맡았던 운터마이어 부장이 갑자기 회사를 그만둔 충격도 채 가라앉지 않은데다가 아내와의 서먹한 관계도 여전히 현재진행형이었다. 오늘도 회사에서 잔뜩 인상만 쓰다 온 그의 속내를 박사는 한눈에 알아챈 것이다.

"오늘은 예수의 시공으로 떠나기 전에 먼저 해야 할 일이 있습니다."

박사의 제안에 훈트가 눈썹을 치켜세우며 눈을 동그랗게 떴다.

"뭐죠?"

"자자, 얼굴 그만 찌푸리시고 일부러라도 미소를 활짝 지어보십시오. 어서요!"

난데없는 주문에 훈트가 "이렇게요." 하고 억지 미소를 지었다. 그 모습이 어찌나 어색하고 기괴한지 박사는 그만 웃음을 터뜨리고 말았다.

"하하하하하!"

"왜 웃으십니까?"

훈트도 멋쩍은 듯 웃었다.

"훈트 사장님, 그렇게 웃으시니까 아직 천사의 얼굴까지는 아니더라도 오백사의 얼굴까지는 온 것 같습니다."

"네? 뭐라고요? 하하하!"

훈트가 웃음을 터뜨리자 박사가 말했다.

"딩동댕! 축하합니다! 드디어 천사의 얼굴에 도달하셨군요. 이제 예수의 시공으로 출발해도 될 것 같은데요! 자, 가볼까요? 에바다굼!"

사기를 북돋다

예수와 제자들이 모여 식사 중에, 예수에 대해 욕하고

비방하는 사람들에 대한 얘기가 화제에 올랐다. 제자들이 모두 걱정하고 분개하면서 분위기는 무겁게 가라앉았다. 이들의 걱정과 한숨을 묵묵히 듣고 있던 예수가 입을 열었다.

"사람들이 세례 요한과 나를 비교해서 얘기하더구나. 먼저 세례 요한이 나타나 먹지도 않고 마시지도 않으면서 금식하기를 밥 먹듯이 하니, 사람들이 말하길 '저 사람 귀신 들렸군.'이라고 말했다. 그래서 내가 세례 요한과 정반대로 여러 사람과 어울려 열심히 먹고 마셨다. 그 사람들이 이번엔 뭐라고 하나 들어봤더니 이렇게 말하더구나."

'저 사람은 왜 저렇게 먹는 것을 탐하고 포도주를 즐기냐? 세리, 죄인들과 끼리끼리 어울리는 수준이군!'

예수가 어디에 장단을 맞춰야 좋을지 모르겠다는 표정으로 제자들을 둘러보고 활짝 웃자 제자들 사이에서도 웃음이 터져 나왔다. 그제야 제자들의 마음이 풀어지면서 분위기는 다시 활기를 띠기 시작했다. 예수가 덧붙였다.

"남이 뭐라 하든 옳은 일을 행하고 말하는 것이 곧 지혜다."

예수가 70인의 제자들을 세우고 각 동네로 파송할 시간이 되었다. 제자들 모두 스승이 부여한 사명에 대해 결연한 의지를 가지고 있었다. 하지만 낯선 곳에서 생소한 사역을 해야 한다는 두려움과 부담 때문인지 긴장한 기색이 역력했다. 예수가 입을 열었다.

"가라, 내가 너희를 보내는 모습이 어린 양을 이리떼 가운데로 보내는 것 같구나. 어느 동네에 들어가든지 너희를 환영하거든 너희 앞에 차려주는 것을 먹고, 거기 있는 병자들을 고치고, 하나님의 나라가 너희에게 가까이 왔다고 말해라."

예수가 잠시 말을 멈추고 제자들을 둘러보았다. 그들은 초롱초롱한 눈빛으로 예수의 말을 진지하게 듣고 있었지만, 아직 긴장한 기색은 그대로였다. 그가 다시 입을 열었다.

"그러나 어느 동네에 들어가든지 너희를 환영하지 않거든 다시 길거리로 나와서 이렇게 말해라. '너희 동네에서 우리 발에 묻은 먼지도 너희에게 떨어버릴 것이다. 그러나 하나님의 나라가 가까이 온 줄을 알라.'"

그리고는 제자들을 둘러보며 물었다.

"너희들 생각에 최후의 심판 날, 그 동네가 어떻게 될 것 같으냐?"

제자들은 입을 다문 채 잘 모르겠다는 표정을 지었다. 예수가 잠시 뜸을 들이더니 말했다.

"유황과 불덩이가 떨어져 멸망한 소돔과 고모라를 기억하느냐? 바로 그 소돔사람들이 심판 날에 멸망하는 그 동네를 보고는 '그래도 저기에 비하면 차라리 우리 소돔은 따뜻한 편이었어.' 할 것이다."

"하하하하!"

순식간에 웃음바다가 되면서 제자들의 두려움과 긴장은 온데간데없이 사라졌다. 그들은 꼭 해내고야 말겠다는 강한 의지와 자신감으로 충만해졌다. 훈트도 같이 웃었다

"예수님 참 웃기시네요."
"저것이 바로 릴랙스입니다."

멜랑주 박사가 말했다.

"릴랙스요?" 그가 되묻자 박사가 대답했다.

"예, '릴랙스'요. 우리말로 풀이하면 잠깐의 휴식을 갖는다거나 긴장을 푼다는 정도가 되겠군요. 겁을 집어먹고 불안해하는 상황에서 인간은 제대로 능력을 발휘하지 못하는 최악의 컨디션이 됩니다. 이때 유머를 통해 웃게 되면 몸에서 베타엔도르핀과 다이노르핀 같은 두뇌 능력을 최적화시키는 호르몬들이 펑펑 쏟아져 나오게 되지요. 이것은 사람들의 긴장과 얼어붙은 마음을 녹여서 그 능력을 풀가동시킬 준비상태, 곧 워밍업 상태로 만들어줍니다. 예수는 유머의 릴랙스 기능을 통해 제자들의 능력을 최고로 발휘하게 만들 줄 아는 리더였죠."

훈트가 말을 받았다.

"과도하게 긴장하면 제 능력을 발휘하지 못한다는 말이 맞습니다. 제가 아비투어(독일의 대학입학시험)를 볼 때 그랬습니다. 풀어야 할 문제는 잔뜩 남았는데 시계를 보니 10분밖에 안 남은 겁니다. 순간 엄청난 긴장과 조바심이 엄습해오면서 머릿속이 멍해지더니 문제조차 눈에 들어오질 않더군요. 아무거나 찍으려 해도 손마저 뻣뻣하게 굳어 제대로 움직여지지 않았습니다. 결국.................... 재수했지요."

협상과 설득의 달인

멜랑주 박사를 따라 다시 시공을 이동하자, 안식일에 한 회당에서 예수가 설교를 하고 있었다. 그때 18년 동안이나 귀신들려 앓으며 등이 꼬부라져 고통당하는 한 여인이 눈에 띄었다. 예수가 그 여인을 보고 "여인아! 네가 네 병에서 놓였다." 하고 안수하자, 여자가 곧 등을 펴고 일어났다.

하지만 유대인들에게는 안식일에 일을 해선 안 된다는 율법이 있었다. 예수가 이 법을 어기고 병을 고친 것에 대해, 그 마을 회당장이 화를 내며 사람들에게 소리쳤다.

"일주일에 여섯 날이 있으니 그 동안에 와서 고침을

받아라. 안식일에는 하지 마라!"

예수가 듣고 사람들에게 물었다.

"안식일에 여러분의 아들이나 소가 우물에 빠졌다고 합시다. 그러면 어떻게들 하겠소? 우물에 빠져 허우적거리는 아들을 향해 '아들아, 내 사랑하는 아들아! 오늘은 안식일이라 이 아빠가 아무것도 해선 안 된단다. 내일 꺼내줄 테니 그때까지만 잘 버텨다오!' 하는 것이 옳겠소?"

사람들이 소리 높여 웃었는데 박장대소를 하지는 않았지만 굳어있던 회당장의 얼굴에도 온기가 돌면서 예수를 향해 말했다.

"선생님. 안식일에 이런 일을 하시는 그 뜻은 알겠습니다만, 백성들에게 율법을 가르치는 저희들 체면도 있으니 안식일엔 좀 자제해 주시면 좋겠습니다. 그렇게 해주신다면 안식일에 혹시 또 이런 일을 하신다 하더라도 이제부터는 더 이상 저희도 아무 말하지 않겠습니다."

"호오. 이제까지 예수에게 적대적이기만 했던 태도와

는 사뭇 다르게 나오는데요?"

훈트가 신기한 듯 말하자 멜랑주가 풀이해줬다.

"저것이 바로 협상과 설득에서 위력을 발휘하는 유머의 힘입니다. 협상테이블에서 논리와 수치만 가지고 상대방을 설득하려 든다면 빡빡하고 쟁쟁거리며 계속 부딪히기 때문에 좋은 결과를 이끌어내기 힘듭니다. 예수는 유머를 통해 안식일에 대해 완고하게 얼어붙어있던 바리새인들의 마음을 녹여서 그들의 생각의 폭에도 여유 공간을 가지게 했습니다."

"저것이 바로 상대방을 무장 해제시킨다는 뜻이군요!"

"그렇습니다. '릴랙스'는 웃음으로 얼어붙은 상대의 마음을 풀어주는 대단히 중요한 유머 기능입니다. 마음이 열린다는 것은 다른 사람의 의견을 경청하고 수용할 준비상태가 된다는 의미거든요. 사실 예수님이 어부였던 베드로와 안드레에게 사람을 낚는 어부가 되라는 유머로 그들을 자신의 제자가 되도록 설득한 경우도 일종의 협상이라고 볼 수 있습니다. 채용 협상이라 할까요?

심지어 자신의 메시지를 잘 받아들이도록 군중들에게 유머로 호소한 일도 넓게 보면 설득이며 협상이죠."

"사실 인간관계 모두가 다 설득과 협상 아니겠습니까?"

훈트의 이 말에는 자신도 수십 년간의 사업경력을 통해 협상과 설득이라면 누구한테도 빠지지 않는 경륜이 있음을 내세우는 분위기가 배어 있었다.

"아무튼 저 유머를 하신 이후 예수가 당시 지도층과 부딪혔던 커다란 쟁점 중 하나인 안식일 논쟁은 일단락됩니다. 그들은 더 이상 안식일 문제로 예수를 공격하지 않았습니다. 그럼 예수님은 어떻게 하셨을까요? 안식일의 주인이신 예수님은 여전히 안식일에 자유하셨지만 이 때 이후로는 안식일에 다소 자제하는 분위기가 나타납니다. 협상은 어느 한쪽이 일방적으로 양보하는 것이 아니라 상호 윈윈win-win하는 것임을 잘 아시는 분이니까요."

박사는 그를 다시 새로운 시공으로 인도했다.

"무장한 군인들이 몰려오는 두렵고 무서운 상황에서

예수께서 보여준 의연함을 보러 가시지요."

두려움에 휘둘리지 않다

 달빛이 교교한 한밤중. 무시무시한 흉기를 든 수십 명의 건장한 남자들이 살기등등한 기세로 예수를 향해 몰려오고 있었다. 대제사장들이 예수를 잡기 위해 보낸 무장군인들이었다.
 그들이 다가오자 예수가 말했다.

 "어허, 이 사람들아! 그 시퍼런 칼과 무지막지한 쇠뭉치를 들고 나를 잡으러 온 건가? 내 선한 얼굴을 보세, 내가 무슨 흉악한 강도처럼 생겼는가?"
 예수의 목소리는 전혀 두려움이나 긴장 없이 차분하고 여유로웠다.
 "내가 날마다 성전에 앉아 제자들을 가르치고 군중들과 이야기할 땐 왜 안 잡아가고 이제 와서 이 야단들인가?"

예수의 말이 끝나기가 무섭게 군인들이 달려들어 가만히 서 있는 예수를 붙잡았다. 그러자 제자들이 일제히 달아나기 시작했다. 수십 명의 군인들이 도망가는 제자들을 쫓기 시작했다. 이 긴박한 상황 속에서 훈트는 쿵쾅거리는 가슴을 달래며 박사와 함께 예수를 잡아가는 군인들의 뒤를 멀찌감치 따라가기 시작했다. 그때 훈트가 몸을 웅크리며 소리쳤다.

"앗! 저 사람들 뭡니까? 빨리 피해요!"

몇 명의 군인들이 두 사람 정면으로 달려오고 있었던 것이다.

"진정하세요, 훈트 사장님! 저 사람들은 우리를 잡으러 오는 게 아니에요! 이 시공 사람들은 우리를 못 본다고 했잖아요!"

멜랑주 박사는 훈트를 진정시키려 애썼다. 그러나 그의 말과는 달리 군인들은 훈트에게 달려들어 주먹으로 치며 붙잡는 것이 아닌가!

"으악! 이게 뭐야! 박사님! 멜랑주 박사님!"

훈트가 공포에 질려 소리쳤지만 박사의 모습은 어디에도 보이지 않았다.

"멜랑주 박사님! 멜랑주 박사! 야, 멜랑주! 너 어딨는 거야? 너 때문에 이게 뭐야!"

박사는 어느덧 그를 곤경에 빠뜨린 원망의 존재로 바뀌었다.

군인들에게 끌려가던 훈트는 안간힘을 다해 흰 망토를 벗어던졌다. 그러자 천을 붙잡고 있던 손들이 그의 몸에서 떨어져 나갔다. 군인들은 다시 그를 잡으려고 덤벼들었다. 그는 젖 먹던 힘까지 다해 '걸음아 날 살려라' 하며 날쌘 다람쥐처럼 어둠 속으로 내달렸다. 완전히 발가벗은 채로!

"훈트 사장님! 훈트 사장님!"

멀리서 자신을 부르는 소리를 듣고 훈트는 풀숲에서 고개를 내밀어 주변을 두리번거렸다.

"멜랑주 박사님?"

훈트가 주위를 경계하며 작은 목소리로 말했다.

"네, 여기 계셨군요!"

바로 옆에서 박사의 목소리가 들렸다.

"앗, 깜짝이야!"

훈트가 몸을 움찔했다.

"그런데 지금 박사님 모습이 안 보입니다. 어디 계신 거죠?"

"바로 앞에 있잖습니까?"

"예? 바로 앞에 있다고요? 어디요?"

"정말 내 모습이 안 보입니까?"

"네, 목소리는 분명 앞에서 들리는데 모습은 전혀 안 보입니다."

훈트는 계속 어둠 속을 두리번거리며 말했다.

"아하! 아직도 '애들의 날' 현상이 반쯤 남아 지속되고 있나봅니다. 훈트 사장님, 억지로라도 한 번 웃어보세요."

"억지로 웃으라니요?"

"글쎄, 다른 말씀 마시고 아까 출발 전에 했던 것처럼 어서 내 말대로 '하하하' 소리 내서 웃으라니까요! 어서요!"

박사가 다급하게 재촉하자 훈트는 마지못해 "하하하하하하!" 하고 실성한 사람처럼 헛웃음을 치기 시작했다.

"더 크게요! 더 크게!"

그를 재촉하던 박사는 안 되겠다 싶었던지 그의 몸을 간질이기 시작했다.

"하하하! 그만하세요! 간지러워 죽겠습니다. 하하하! 그만요!"

훈트는 괴롭게 웃으면서 박사의 손을 떼어내려고 했다.

"이제 제가 보이나요?"

멜랑주 박사가 손을 떼며 물었다.

"예, 이제 보여요. 보인다구요!"

훈트가 웃느라 지쳤는지 큰 숨을 내쉬면서 대답했다.

"그런데 아까는 왜 박사님이 안 보였던 거죠?"

"가만 있자, 어디서부터 얘기해야 될까요? 우선 이 망토를 두르십시오."

그의 손에는 훈트가 벗어버렸던 망토가 들려 있었다.

"좀 전에 예수가 잡혀가는 광경을 보고 공포를 느끼셨죠?"

"예, 아주 무서웠습니다. 휴!"

훈트가 그때의 공포와 긴장감을 떠올리며 크게 한숨

을 내쉬었다.

"바로 그겁니다. 그게 원인이라고요. 두려움과 긴장을 느낀 훈트 사장님의 몸에서 아드레날린이 분비되어, 이 시공 사람들에게 모습이 보인 겁니다. 애들의 날 현상이 나타난 거죠. 그러니 그들은 훈트 사장님이 예수와 한편인 줄 알고 잡으려 했던 거죠."

"그럼 박사님은 왜 내 눈에 안 보인 거죠?"

"애들의 날 현상이 나타나면 훈트 사장님은 이쪽 시공 사람들과 같은 상태가 되니까 시공이 다른 내가 안 보이는 겁니다. 지금 이 시공 사람들이 우리를 못 보는 것과 같은 이치죠."

"그건 그렇고, 방금은 왜 억지로 웃으라고 하신 겁니까? 그렇게 웃는 것도 참 괴롭네요."

"몸에 분비된 스트레스 호르몬인 아드레날린의 독성을 중화시키기 위해선 행복 신경전달물질인 세로토닌과 베타 엔도르핀이 필요합니다. 그것들의 분비를 촉진시키려면 웃음이 최고거든요. 크게 웃을수록 베타 엔도르핀이 펑펑 샘솟습니다. 빨리 애들의 날 현상에서 벗어나야 했으니까요."

그제야 이해가 된다는 듯 훈트가 고개를 끄덕거리며 말했다.

"아무튼 그 애들의 날인지 애먹는 날인지 때문에 발가벗고 달밤에 체조, 아니 조깅 한 번 잘했습니다. 저 진짜 죽는 줄 알았다니까요!"

"어떤 경우에도 긴장하고 두려워해선 안 됩니다. 분노하거나 슬퍼해서도 안 됩니다. 잠깐 그런 감정이 들수는 있어도 웃음과 유머로 신속히 이겨내십시오. 그런 감정에 휩싸이면 상황은 점점 더 악화될 뿐입니다. 이번에 좋은 공부하셨다 생각하십시오."

두 사람 사이에 잠시 침묵이 흘렀다.

"그나저나 축하합니다!"

멜랑주 박사가 침묵을 깨뜨렸다.

"난데없이 무슨 말씀이세요?"

훈트가 뾰로통한 얼굴이 되어 박사를 쳐다보았다.

"그렇게 성경에 나오기를 학수고대하시더니 진짜로 성경에 등장하셨네요."

한 청년이 벗은 몸에 베 홑이불을 두르고 예수를 따라가다가 무리에게 잡히자 베 홑이불을 벗어버리고 벗은 몸으로 도망갔다.

— 마가복음 14장 51-52절

"그럼 마가복음에 나오는 이 청년이 나란 말입니까? 나이 오십이 다된 내가 무슨 청년이에요?"

그가 말도 안 된다는 듯 가볍게 눈을 흘기자 박사가 웃으며 대답했다.

"성경이 얼마나 정확한 책인데 기록자들이 허술하게 복음서를 썼겠습니까? 훈트 사장님 턱을 한 번 만져보십시오."

훈트는 박사가 시키는 대로 자신의 턱을 만져보았다.

"수염이 전혀 없으시죠? 그러니 가뜩이나 동안인데다 키도 아담하고 수염도 없고 한밤중에 목격한 일이니 청년으로 볼 수밖에요. 지금까지 본 유대 성인들 중에 수염 없는 사람 있었나요? 유대인들은 수염 기르는 것을 중요하게 생각합니다."

훈트는 그래도 못 믿겠다는 듯 손사래를 쳤다.

"아휴, 이제 농담 그만하십시오. 아직도 심란하단 말이에요."

"농담이요? 허, 참! 아닌데…."

멜랑주 박사는 두 손바닥을 가볍게 문지르며 야릇한 미소를 지어 보였다.

"자, 자! 이제 그만 마음 푸시고 좀 전의 훈트 사장님과는 비교도 할 수 없는 최악의 상황에서 예수는 어떻게 했는지 한 번 보러 가실까요?"

"예, 좋습니다. 뭐든 빨리 해서 이 찜찜한 마음을 진정시켜야겠습니다. 에바다굼!"

평정심의 극치

두 사람은 십자가에 못 박힌 예수 앞에 나란히 서 있었다.

"이건 지난번에 봤던 상황인데요? 예수님이 두 강도 사이에 못 박혀 계신 순간 아닙니까?"

"네, 맞습니다. 똑같은 상황, 똑같은 말이지만 저 지극

한 고통 속에서 무슨 말씀을 하셨는지 다시 한 번 들어보십시오."

십자가에 못 박힌 예수가 강도 중 하나에게 말했다.

"내가 진실로 너에게 말한다. 오늘 네가 나와 함께 낙원에 있을 것이다."

"평정심!"

박사가 감탄하며 소리치자 훈트가 움찔했다.

"아유, 깜짝이야! 갑자기 소리를 지르시면 어떡해요!"

"저것이 바로 평정심의 극치입니다. 극한의 상황에서도 마음의 여유를 잃지 않는 저 의연한 모습을 보십시오! 아주 작은 일에도 휘둘리는 우리와 비교했을 때, 정말 위대한 자세입니다."

집으로 돌아오는 차 안.

훈트는 예수가 긴장한 제자들을 유머로 풀어주는 장면을 목격한 순간, 자신의 머릿속을 스쳐지나간 것이 무엇이었는지 깨달았다. 그것은 평정심이었다. 아무리 힘들고 어려운 상황에서도 마음의 태도를 전환해 여유를 찾을 줄 알아야 한다고 예수가 그에게 말하고 있었다.

"그래, 바로 평정심이야!"

그는 혼잣말을 중얼거려 보았다.

그동안 그는 직원들뿐만 아니라 자기 자신까지도 정신없이 몰아붙이기만 했다는 느낌을 지울 수 없었다. 얼마 전 아내와 보냈던 2주간의 휴가도 사업시작 20년 만에 첫 휴가 아니었던가?

'지금 내게 닥친 상황이 더없이 안 좋기는 하지만, 죽음을 목전에 둔 예수님에 비할 수 있겠는가?'

죽음 앞에서도 의연함을 잃지 않는 예수의 모습이 자꾸만 눈앞에 어른거렸다. 그러면서 어떤 자극에도 동요되지 않고 자기의 길을 가겠다고 다짐했다.

"평정심!"

그는 다시 한 번 소리 내어 되뇌었다.

새로운 진리를 알게 된 희열로 머릿속이 환해지고 있었다.

"그러니까 원수를 위해 축복 기도까지 해주는 게
'뜨거운 긍정'을 의미한다는 말씀이군요."

여섯 번째 계단

＊

뜨거운 긍정

"오늘은 예수가 부활해서 제자들과 마지막 시간을 갖는 때로 가보겠습니다."

멜랑주 박사가 휴머신으로 들어서며 훈트에게 말했다.

원대한 목표 의식

"너희는 가서 모든 민족을 제자로 삼아 내가 너희에게 말한 모든 것을 가르쳐 지키게 하라. 오직 성령이 임하시면 너희가 능력을 받아 예루살렘과 온 유대와 사마리아와 땅 끝까지 이르러 내 증인이 될 것이다."

말을 마친 예수는 승천하기 시작했다.

멜랑주 박사와 훈트는 예수의 모습이 구름에 가려 더 이상 보이지 않게 될 때까지 하늘을 올려보다가 고개를 바로 하며 뻣뻣해진 목덜미를 천천히 어루만졌다.

"참으로 황홀한 모습입니다. 억만금을 주고 구경해도 아깝지 않을 광경이군요."

훈트가 상기된 얼굴로 말했다.

"인류 역사상 가장 멋지게 하늘을 날아오르는 장면이죠. 그런데 훈트 사장님은 그걸 돈하고 연결시키시네요, 허허!"

박사의 말에 훈트가 멋쩍어하며 말했다.

"그런데 아까부터 호기심이 하나 생기더군요."

"뭔데요?"

"예수님이 '땅 끝까지 이르러 내 증인이 되리라.' 하시면서 '땅끝'이라는 표현을 썼잖아요?"

"그랬지요."

"지구는 둥글다는 것이 밝혀진 이래 땅 끝이라는 개념은 없어지지 않았습니까. 그건 고대 사람들의 생각 속에나 존재하던 세계관이죠. 그런데 예수님은 그걸 몰랐다는 얘긴가요? 전지전능하신 분인데?"

멜랑주 박사가 기다렸다는 듯이 입을 열었다.

"좋은 지적입니다. 이제부터 우리가 배워야 할 그분의 유머가 바로 그것이거든요. 예수가 이 땅에 오신 이유는 인류를 구원하기 위해서지, 코페르니쿠스나 갈릴레이의 할 일까지 빼앗으러 오신 것은 아닙니다. 당시 사람들의 수준에 맞춰 '전 세계'라는 의미로 사용했을 겁니다."

훈트를 바라보는 박사의 눈이 더욱 빛을 발했다.

"여기서 중요한 포인트는, 그것은 예수의 유머 감각이 아니면 나올 수 없는 말이라는 점입니다. 그는 첫째, 공간에 대한 고정관념을 깨뜨렸습니다. 지금 우리가 와 있는 이 시공의 유대인들이 가장 멀리 나가본 곳은 기껏해야 이웃 나라 이집트였을 겁니다. '우물 안 개구리'라고 할 수 있죠. 이런 시대에 예수는 제자들에게 깜짝 놀랄 목표를 제시합니다. '땅 끝까지' 가라는 것이죠. 거기까지 복음을 전파하라는 겁니다. 좁고 융통성 없고 편협한 사람의 머리에선 절대 나올 수 없는 파격적인 목표를 세운 것이지요."

"생각하기에 따라서는 그렇게 해석할 수도 있겠군요. 하지만 여전히 의문은 남네요."

"더 들어보십시오. 둘째로 예수는 선교 대상의 벽을 허물었습니다. 당시 유대인들이 믿고 있던 유대교는 자기 민족의 구원에만 관심을 갖고 있었습니다. 예수는 유대인이었음에도 그의 구원사역은 민족의 장벽을 깨뜨렸습니다. 그리고 나서 지구상의 모든 민족, 곧 전 인류에게 눈을 돌렸습니다. 이 부분이 바로 우리가 새겨야 할 핵심입니다. 유머는 열린 마음과 무한한 상상을 그 특징으로 합니다. 고정관념과 기존의 생각을 껑충 뛰어넘는 이 뜨거운 긍정의 목표는 바로 그의 뛰어난 유머 감각이라는 토양에서 나온 것입니다."

라인폭포처럼 쏟아지는 박사의 말을 넋 놓고 듣던 훈

트가 입술을 뗐다.

"유머 감각이 목표를 원대하게 설정하는 데 영향을 미쳤다는 얘기죠?"

"그렇습니다, 미쳐도 아주 크게 미쳤습니다."

멜랑주 박사가 웃으며 강한 어조로 말했다.

"그럼 또 시공을 바꿔볼까요?"

박사가 생각을 정리하느라 잠깐 주춤하자 훈트가 재빨리 먼저 "에바다굼!"을 외쳤다. 선수를 빼앗긴 박사가 "껄껄껄!" 웃으며 훈트를 따라왔다.

뜨겁게 긍정해야 하는 이유

예수가 군중을 향해 말했다.

"여러분은 네 이웃을 사랑하고 네 원수를 미워하라는 말을 들었을 것이오. 하지만 나는 여러분에게 말하겠소, 원수를 사랑하시오."

"뭐라고요? 원수를 사랑하라니? 크크크!"

군중들 사이에서 웃음이 새어나왔다.

"여러분을 모욕하고 공격하는 자를 위해 기도하시오."

"하하하하하!"

이번에는 더 큰 웃음이 흘러나왔다.

"여러분을 미워하는 사람에게 잘 대해주며 여러분을 저주하는 사람을 축복하시오."

"이 시공으로 또 왔네요?"

훈트가 궁금증 가득한 눈으로 박사를 쳐다보았다.

"한 시공을 두 번 가보는 경우는 흔하답니다. 세 번씩 가보는 곳도 있는 걸요."

"저 말씀은 벌써 여러 번 듣지만, 솔직히 말씀드려서 아직도 그렇게 마음에 와닿지는 않습니다. 지난번에 설명을 해주시기는 했지만요…. 게다가 원수를 위해 축복을 빌다니요? 그게 정말 진실한 기도가 될까요? 마음에도 없는 말이 될 텐데요. 저 보십시오. 예수님 말씀을 듣는 사람들 중에 웃는 사람도 꽤 되지만, 황당하고 어림없는 소리라는 듯 고개를 갸웃거리는 사람도 있잖습니까?"

훈트는 박사의 안색을 살피며 말을 계속했다.

"원수를 저주하는 기도라면 아마 마음 깊숙한 곳에서 저절로 우러나올 겁니다."

박사가 웃으며 훈트의 말을 받아쳤다.

"예수가 원수를 사랑하라는 말 뒤에, 그 원수를 위해 기도해주라는 말을 덧붙인 이유는 어떤 의도가 있었던 것 같습니다."

그리고 박사는 다시 "의도 말입니다." 하고 반복해서 말했다.

"어떤 의도 말인가요?" 훈트가 물었다.

"그냥 원수를 사랑하라고만 했다면, '네, 잘 알겠습니다.' 하고 대답한 뒤에 아무런 행동도 취하지 않는 사람들이 수두룩할 겁니다. 대부분의 사람이 미워하는 사람과는 연락을 끊고 상종도 하지 않으니까요."

멜랑주 박사는 신이 난 듯 말했다.

"그래서 예수가 '너희들, 내가 그럴 줄 알았다.' 하고 원수에 대한 사랑을 구체적인 행동으로 옮기는 것까지 요구하신 게 아닌가 싶습니다."

이 말이 우스운지 훈트가 킥킥거리면서 말했다.

"그러니까 원수를 위해 축복 기도까지 해주는게 '뜨거운 긍정'을 의미한다는 말씀이군요. 하긴 어떤 사람이 원수를 위해 기도하는 모습이 너무 엉뚱해서 웃음을 자아내니, 이 말씀 역시 유머라고 할 수 있겠네요."

박사는 말없이 훈트를 쳐다봤다. 그 침묵이 어색한지 훈트가 눈을 크게 떠보였다. 아직은 잘 모르지만 지난 며칠 멜랑주 박사와 같이 다녀보니, 그는 뭔가 중요하고 결정적인 말을 할 때면 항상 침묵을 앞세우는 버릇이 있는 것 같았다.

"그런데, 원수를 위해 복을 빌라는 말에는 놀라운 사실이 숨겨져 있습니다. 그것은…."

훈트가 답답하다는 듯 재촉하자 박사가 빙그레 웃으며 말했다.

"나 자신이 복을 받는다는 사실입니다."

"우리 몸의 기능을 총체적으로 관장하는 본능외 뇌 부위를 '변연계'라고 합니다. 흥미로운 점은 우리 몸에 잠재되어 있는 무한한 능력이 이 작용에 의해 실제 능력으로 표출된다는 사실이죠. 더 재미있는 점은 변연계가 우리의 생각과 말에 의해 지배를 받는다는 점입니다. '난 할 수 있다.'라고 말하면 변연계는 그 말을 진짜로 믿고 할 수 있는 능력을 내보냅니다. 반면에 '난 바보야.'라고 말하면 변연계는 자신이 바보인 줄 알고 모든 능력을 거둬들여 자기 몸을 진짜 바보로 만들기 시작하지요."

"정말 그렇습니까?"

훈트가 믿을 수 없다는 표정을 지었다.

"내가 뇌과학 박사 학위도 있습니다."

박사는 이야기를 계속했다.

"더욱 흥미로운 점은 변연계는 우리가 하는 말이 누구를 향한 말인지 구분하지 못한다는 것입니다. 즉 남에게 했는지 자신에게 했는지 구분하지 못하고, 들리는 말을 모두 자신에게 해당되는 소리로 받아들인다는 사실이죠. 그러니까 내가 상대방에게 '너 정말 끝내준다!'라고 칭찬하면 변연계는 그 말이 내게 해당되는 줄 알고 '끝내주는'쪽으로 내 몸의 능력을 열어갑니다. 반대로 '넌 안 되는 놈이야!' 하고 상대를 욕하면 내 몸의 변연계는 자신이 남에게 한 말임에도 불구하고 그것을 나 자신에게 해당하는 말로 알아듣고 실제 안 되는 쪽으로 나를 몰고 갑니다."

"아, 그러고 보니 저도 어떤 리더십 세미나에서 비슷한 얘기를 들은 적이 있습니다. '불행', '재난', '악운' 등의 부정적인 단어는 단지 듣는 것만으로 마음을 위축시키는 반면에 '사랑', '환희', '기쁨', '성공', '행복' 등의 낱말은 듣기만 해도 기분 좋게 한다고 하더군요."

"맞습니다, 그런 것들도 변연계의 작용원리에서 나타나는 현상입니다."

장황한 설명을 마친 박사는 만족스러운 미소를 지으며 훈트를 쳐다봤다. 그리고 성경 한 구절을 읊어주었다.

그가 저주하기를 좋아하더니 그것이 자기에게 임하고, 축복하기를 기뻐 아니하더니 복이 저를 멀리 떠났다.
— 시편 109편 17절

"자, 이번에는 다른 현장으로 가봅시다. 에바다굼!"

멜랑주가 이번에는 훈트에게 선수를 빼앗기지 않으려고 서둘러 '에바다굼!'을 외쳤다.

복의 속성

예수가 제자들에게 말했다.
"어느 집에 들어가든지 먼저 '이 집이 평안할지어다.'라고 말하라. 만일 평안을 받을 사람이 거기 있으면 너희의 평안이 그에게 머물 것이요, 그렇지 않으면 너희에게로 돌아올 것이다."

"자신이 말한 평안이 자신에게로 돌아온다는 저 말씀을 풀이해보면, 남을 축복하는 이에게 하나님이 복을 주겠다는 기본적인 의미도 담겨 있습니다만, 남에게 축복을 비는 대로 자신에게도 돌아온다는 변연계의 원리로도 풀이해볼 수 있습니다."
박사의 설명에 훈트가 놀랍다는 표정을 지으며 감탄하자 박사가 다시 쐐기를 박듯 말했다.

"결국 원수를 축복하면 하나님이 주시는 복과 더불어 자신이 스스로에게 주는 복까지 더해져 이중의 복을 받는다는 얘기죠. 그래서 제가 잘 아는 그 멋진 베드로…, 아니 우리가 잘 아는 베드로 형제들에게 보내는 편지에서 이렇게 말하고 있는 겁니다.

악을 악으로, 욕을 욕으로 갚지 말고 도리어 복을 빌라. 이는 너희가 복을 받기 위함이다.
— 베드로전서 3장 9절

사랑하는 우리에게 복을 주고 싶어 좀이 쑤시는 하나님인데, 우리를 괴롭히려고 원수를 사랑하라고 했겠습니까?"

"정말 예수님의 유머 속에는 놀라운 진리가 숨어 있군요!"

휸트가 맞장구를 쳤다. 하지만 '제가 잘 아는'이라고 했다가 '우리가 잘 아는'으로 황급히 말을 바꾼 멜랑주 박사의 정체에 대해 새삼 궁금증이 생기는 것은 어쩔 수 없었다. 그러나 내색하지는 않았다. 다시 박사가 말했다.

"원수를 위해 기도하라는 것은 어떤 상황에서도 절대 낙망하거나 저주하는 부정적인 말을 하지 말라는 뜻입니다. 아무리 최악의 상대를 만나더라도 긍정적인 생각과 긍정적인 말만 하라는 뜨거운 긍정을 담고 있는 것이죠. 게다가 더욱 놀라운 것은 원수를 위해 복을 빌어주다 보면 진짜로 그를 용서하고 불쌍히 여기며 품어줄 수 있는 마음이 생겨난다는 사실입니다.

물론 결코 쉬운 일은 아닙니다만 전혀 불가능한 일도 아닙니다. '우리는 행복하기 때문에 웃는 게 아니라 웃기 때문에 행복하다.'라는 말을 들어보셨죠?"

"네, 들어봤습니다."

"화가 나면 거친 말이 나가듯이, 원래 감정이 먼저고 말은 그 다음이잖아요. 그러나 분노 상태라 하더라도 꾹 참고 좋은 말을 하면, 거꾸로 마음이 유쾌하게 바뀌는 경우가 있습니다. 감정이란 것이 영원하지는 않기 때문입니다. 정말 심각한 원수야 당장 어쩔 수 없다고 하더라도, 웬만하면 차라리 "이 멋쟁이야!", "이 천사야!", "이 귀한 사람아!"처럼 뜨거운 긍정으로 말해보십시오. 마음은 거북해서 저항할 테지만, 꾹 참고 그리 한다면 곧바로 변화가 나타날 겁니다."

말을 다 들은 훈트가 생각에 잠기자, 박사가 잠시 말없이 기다렸다.

"이제 다시 한 번 예수가 십자가에 못 박힌 현장으로 가보겠습니다."

"또요? 그럼 벌써 세 번짼데…."

훈트가 말하자 박사가 대답했다.

"예수를 연구하려면 3이라는 숫자와 친해져야 합니다. 사흘 만에 부활하셨고, 베드로가 그를 세 번 부인했고, 그가 나를 사랑하느냐고 세 번 물으셨잖습니까?"

"흠…."

"그럼 이제 가볼까요? 에바다굼!"

긍정의 힘

로마 병사들이 18센티미터나 되는 대못을 예수의 손

과 발에 탁탁 박자 그는 비명을 지르며 고통스러워했다. 이윽고 그를 매단 십자가가 땅에 콱 꽂히자, 그 충격으로 예수의 양팔이 늘어나며 어깨가 탈골되었다. 못이 박힌 손목과 발목에서는 살이 찢겨나가면서 피가 쉴 새 없이 흘러내렸다. 심한 호흡 곤란을 느낀 예수가 몸을 추어올리려 할 때마다 발등에 박힌 못으로 체중이 쏠려 고통을 더했다. 예수의 양쪽에는 두 강도가 십자가에 매달려 있었다.

전에 벌써 두 번이나 봤던 십자가에 못 박힌 예수의 모습. 그때도 안쓰럽게 보이긴 했지만 훈트 자신과는 별 상관없는 일처럼 느껴졌었다. 그런데 지금 세 번째 보는 그 모습은 뭔가 달랐다. 기분이 이상했다. 훈트는 자신의 가슴 저 깊은 곳에서 뜨거운 뭔가가 솟구쳐 오르는 것을 느꼈다.

그때 한 강도가 말했다.

"예수님, 당신의 나라에 임하실 때 저를 기억해 주십시오."

예수가 가쁜 숨을 몰아쉬며 그를 향해 입을 열었다.

"내가 진실로 너에게 말하겠다. 하악…, 하악…, 오늘

네가…, 쿨럭쿨럭…, 나와 함께 낙원에 있을 것이다."

"훈트 사장님, 보십시오. 말로 다할 수 없는 저 죽음의 고통 속에서도 자신의 낙원이 예비되어 있음을 확신하고 있지 않습니까? 저것은 자신의 믿음과 신념이 틀리지 않았으며, 반드시 이루어진다는 당당한 선언입니다. 생명을 내놓고 추구해온 목표와 소망을 향한 죽음조차도 감히 넘볼 수 없는 참으로 뜨거운 긍정인 것입니다!"

멜랑주 박사가 가슴 벅찬 울림으로 말했지만, 훈트는 아무런 대꾸도 할 수 없었다. 그는 넋 나간 사람처럼 십자가 위의 예수를 그렇게 한참 동안 올려다볼 뿐이었다. 그리고 그의 눈에 슬며시 이슬이 비쳤다.

"유머의 꽃은 드넓은 아량의 꽃밭에서
화려하게 피어나는 것입니다."

일곱 번째 계단

아량과 관용

"카타리나, 사장님 요즘 뭐 배우러 다니셔?"

발터 부장이 물었다.

"호호호! 요즘 유머 배우러 다니시나 봐요."

카타리나가 웃으며 대답하자 발터 부장이 놀란 듯 말했다.

"유머? 사장님이 유머를 배우셔? 정말이야? 허, 아침부터 쇼크네! 우리 사장님이 유머를 배우신다? 다른 사람도 아니고, 훈트 사장님이!"

이때 훈트가 사무실로 들어섰다. 순간 그는 경직된 자세로 "구텐 모르겐!" 하고 인사를 한 뒤 황급히 사장실을 빠져나가갔다. 매번 이런 식이었다. 업무와 관련된 일이 아니면 직원들은 사장을 어려워하고 피했다.

'음…, 확실히 직원들과 벽이 있어.'

"나오셨어요? 사장님!"

카타리나가 여느 때처럼 미소로 그를 맞았다. 그래도 그녀만은 자신을 어려워하지 않고 대해주는 편이었다.

"유머 공부는 잘 돼가세요?"

그녀의 의례적인 질문에 훈트가 조금 심각한 표정을 지으며 말했다.

"카타리나! 나 유머 배우러 다니는 거 우리 직원들에게 말하면 안 돼요."

"네, 사장님…."

카타리나가 자신 없는 목소리로 대답하자 그가 강하게 말한 게 좀 미안한지 다시 말했다.

"혹시 말하더라도 고품격 유머 배운다고 하세요. 그냥 유머 배우는 게 아니라…."

"풋!" 하고 그녀가 웃더니 "네!" 하고 다시 생기 있게 대답했다.

"참, 그거 아세요?"

"뭐?"

"얼마 전에 들은 얘긴데요, 텍톤 770 있잖아요. 사장님이 유머 배우러 다니시는 490층짜리 울트라 초고층 빌딩이요."

"그런데…?"

"글쎄, 그 빌딩 소유주가 멜랑주 박사라던데요?"

"그래? 그분 그렇게 안 보이던데 엄청난 갑부였구먼!"

훈트는 적잖이 놀랐다.

'멜랑주 박사가 시가로 족히 500억 유로나 되는 빌딩의 주인이라니….'

"그리고 한지뮬러 고문 변호사님이 전화 주셨습니다."

"언제?"

"오전 8시 50분경에요."

"카타리나! 글래스고 지사에서 보내준 비틀러 씨 팩스문서 좀 가져와요."

자신의 방으로 들어온 훈트는 곧장 책상으로 가지 않

고, 집무실 한가운데 놓인 앤티크한 스타일의 소파에 편안히 몸을 기댔다. 그리고 눈을 감은 채 어젯밤 십자가 앞에서 느꼈던 감동을 다시 한 번 되새겼다.

'아! 그렇게 뜨거운 긍정을 가져본 게 언제였던가!'

"한지뮬러 변호사님, 이제 증거를 잡았으니 명예훼손과 무고죄로 고소할 수 있겠죠?"

훈트가 수화기에 대고 말했다.

"예, 이 정도 자료면 충분합니다. 결국 비틀러 씨 쪽에서 제 무덤을 판셈이군요. 증거를 남겼으니 말입니다."

변호사의 목소리는 자신감에 차 있었다.

"근거 없이 남을 비방하고 헐뜯는 자가 어떻게 되는지 이번에 확실히 보여주도록 합시다."

훈트 역시 스스로의 다짐을 확인하며 전화를 끊었다.

몇 달 사이 비방 횟수와 그 수위를 급격히 높여오던 비틀러 씨가 요즘 들어서는 아예 문서로 작성해 거래처에 팩스를 보내기 시작했다. 그 중 하나를 훈트펫 영국지사에서 입수해 보내온 것이다. 그동안은 말로만 비방해왔기 때문에 뚜렷한 증거가 없어 해명 외에는 뾰족한 대응을 할 수 없었다. 훈트가 답답해한 것도 바로 그 때문이었다. 그런데 이제 제대로 걸렸으니 비틀러로서도 빠져나갈 구멍이 없을 터였다.

'이제 비겁한 자의 말로를 느긋하게 감상해볼까?'
그는 앞으로 펼쳐질 일을 상상하며 회심의 미소를 지었다.

주먹 대신 아량을

예수가 붙잡히던 날 밤 제자들은 모두 그를 놔두고 도망쳐버렸다. 베드로는 예수를 세 번이나 부인했고, 도마는 예수가 다시 살아났다는 목격담을 듣고도 믿지 못했다.
"제자들이 모두 한방에 모여 있군요. 저런 의리 없고 한심한 인간들을 제자로 삼은 예수님이 참 불쌍하네요."
훈트가 쯧쯧 혀를 찼다. 그러자 박사가 웬일인지 얼굴

이 빨개지더니 당황스러운 목소리로 말했다. 마치 자신이 욕먹는 것처럼 느끼는 것 같았다.

"예…, 참 한심한 사람들이죠."

"내가 예수님이라면 부활하자마자 곧장 달려와서 박살을 냈을 겁니다. '이런 빌어먹을 놈들아! 난 십자가에 못 박혀 죽는 고통을 당하는데, 같이 있어주지는 못 할망정 의리 없이 도망을 가? 그러더니 한 놈은 날 모른다고 세 번이나 부인하고, 또 한 놈은 내가 그렇게 부활한다고 귀에 못이 박히도록 얘기를 하고 동료들이 날 봤다는데도, 뭐? 손과 발의 못 자국을 보지 않는 이상 못 믿겠다고? 에라, 이 배은망덕한 놈들아!' 하고 말입니다."

그러면서 훈트는 슬금슬금 멜랑주 박사의 반응을 살폈다.

"그만하세요!"

박사가 굳은 얼굴로 말했다.

"화나신 건가요?"

훈트가 일부러 능청을 부리며 되물었다. 하지만 박사는 문을 가리키면서 손가락을 입술에 대고 조용히 하라는 사인을 보내고 있었다.

"엇!"

훈트는 자기도 모르게 소리쳤다. 예수가 방 중앙으로 걸어가는 모습이 두 사람 눈에는 똑똑히 보였으나, 제자들은 그가 바로 앞을 지나치는데도 못 보는 듯했다.

예수가 방 한가운데 서자 제자들은 그제야 알아보고는 "아, 주님! 주님이시다!" 하고 웅성거리며 그에게로 다가왔다.

"예수님께서 이제 한바탕하시겠네요. 보세요, 저 굳은 표정을…."

훈트가 박사에게 속삭이듯 말하는 순간 예수가 입을 열었다.

"너희에게 평안이 있을지어다."

예수의 얼굴에는 어느새 밝은 미소가 가득했다. 제자들을 만나서 반가운 표정임에 틀림없었다.

"허, 참! 나 같으면 일단 욕부터 내뱉고, 뭐 하나 집어 던지며 고함을 질러야 속이 풀린 텐데…, 오히려 저렇게 환한 얼굴로 축복을 해주시네요."

훈트가 이해할 수 없다는 듯 투덜거리자 멜랑주 박사

가 대답했다.

"훈트 사장님이 너그러운 아량의 예수님인 줄 잘 모르시는군요.

하지만 감탄하기는 아직 이릅니다. 다른 시공으로 가 보시죠."

"내가 곧 생명의 빵이다. 너희 조상들은 광야에서 하늘로부터 내려온 만나를 먹었어도 죽었다. 하지만 나는 하늘에서 내려오는 빵이니, 사람으로 하여금 먹고 죽지 않게 하는 것이다. 나는 살아있는 빵이니 사람이 이 빵을 먹으면 영원히 살 것이다. 내가 진실로 진실로 너희에게 말하겠다. 내 살을 먹지 아니하고 내 피를 마시지 아니하면 너희 속에 생명이 없다. 내 살은 참된 양식이요, 내 피는 참된 음료다."

예수의 말을 듣고 있던 유대인들이 웅성대면서 말했다.

"이 사람이 어떻게 우리 보고 자기 살을 뜯어 먹으라는 거냐?"

"자신을 빵에 비유했지만 상당히 진지한 유머같습니

다. 그런데 저 말은 도대체 무슨 뜻인가요? 제자들도 무슨 소린지 몰라 어리둥절해하고 있는데요?" 훈트가 물었다.

"두 가지만 아시면 됩니다. 첫째는 사람이 빵으로만 살 것이 아니요, 하나님의 입으로 나오는 모든 말씀으로 살 것이라는 말과 같은 맥락입니다. 예수의 말씀을 받아먹으라는 뜻이죠."

멜랑주 박사가 이번에는 훈트를 바라보고 말했다.

"이렇게 말하고 보니 우리 독일식 유머 하나가 떠오르는군요."

훈트가 궁금하다는 표정을 지었다. "어떤…?"

"사람은 빵만 먹고 살 수 없다......................... 햄과 소시지도 먹어야 한다."

"하하하! 그런 유머가 다 있습니까?"

훈트가 처음 듣는 소리라는 듯 웃음을 터뜨렸다. 그리고는 이내 진지한 얼굴로 말했다.

"하긴 우리 독일인들은 햄과 소시지가 없으면 못 살죠. 과거 고생할 때의 일이 떠오르는군요. 점심값이 아까워 구멍가게에서 1유로짜리 빵으로 끼니를 때우곤

했지요. 햄과 소시지가 포함된 음식 값 정도야 있었습니다만, 그땐 먹는 데 쓰는 돈도 아까웠던 거죠. 그렇게 빵으로만 끼니를 때우고 레스토랑 앞을 지나는데 제대로 된 음식들이 너무나 먹고 싶어지더군요."

"그래서 사드셨습니까?"

멜랑주 박사가 물었다.

"아닙니다. 그 순간 이런 생각이 들더군요. 저런 음식들은 먹을 때만 잠깐 좋을 뿐이다. 곧 다시 배고파질 것이다."

훈트의 말에 박사가 고개를 끄덕이며 입을 열었다.

"인생의 깊은 부분에 닿으신 것 같습니다. 사실 물질로 육체의 배는 잠시 채울 수 있지만, 영혼의 배는 결코 채울 수 없는 법이죠." 두 사람 사이에는 어느덧 진지한 분위기가 형성되고 있었다.

박사가 말을 이었다.

"예수가 자신을 빵에 비유한 두 번째 의미는 이것입니다. '나 자신이 빵이 되어 먹히더라도 좋다. 너희들이 영원히 배부를 수 있다면….'"

"사람들은 서로 남을 뜯어먹으려고만 하지 어디 뜯어먹히려고 하나요? 예수는 자신을 빵으로 비하하고 다른 사람이 뜯어먹도록 기꺼이 내놓을 줄 아는 아량을 가졌던 것입니다."

"빵값은 얼마죠?"

훈트의 생뚱맞은 물음에 멜랑주가 그를 힐끔 보았다.

"공짜입니다. 죄가 없으면서도 우리 죄를 위해 돌아가심으로써 빵값을 예수그리스도가 대신 다 지불했죠. 볼지어다. 내가 문 밖에 서서 두드리노니 누구든지 문을 열면 내가 들어가서 그와 함께 먹고 그도 나와 함께 먹으리라 하셨잖습니까? 돈 없는 자나 있는 자나, 죄가 많은 자나 적은 자나, 잘난 자나 못난 자나 지금 실패한 자나 성공한 자나, 절망하고 있는 자나 희망에 부푼 자나 상관없이 누구나 원하기만 하면 값을 내지 않고도 풍성한 생명과 아량의 빵을 맛볼 수 있습니다."

고개를 끄덕이던 훈트가 갑자기 키득키득 웃기 시작했다.

"왜 웃으십니까?"

박사가 물었지만 그는 참지 못하겠다는 듯 계속 키득거리다가 말했다.

"아까 예수님이 자신을 빵이라고 하니까 유대인들이 어리둥절해하면서 '어떻게 예수님의 살을 뜯어먹지?' 하고 병찐 모습이 생각나서요. 완전 코미디 아닙니까? 아이고, 배야! 킥킥!"

훈트가 더 큰소리로 박장대소를 하자 멜랑주 박사도 따라 웃었다.

"위대한 인물들을 보면 뜨거운 목표를 가질수록 아량도 그만큼 넓었다는 사실을 알 수 있습니다. 슈바이처 박사는 아프리카 빈민을 돕겠다는 뜨거운 목표를 지녔기에, 모든 기득권을 포기하고 기꺼이 그들을 위해 일생을 바치는 아량을 가질 수 있었지요. 테레사 수녀 또한 가난한 자와 약자를 위해 일생을 바치겠다는 뜨거운 목표를 지녔기에, 자신을 희생하는 성녀의 아량을 베풀 수 있었지요. 지구상의 모든 인류를 구원하고자 한 예수의 위대한 꿈과 이상, 이 넓은 아량과 관용은 십자가에 기꺼이 못 박혀 죽는 인류 역사상 최고의 모티브이자 원동력이 되었습니다."

사람이 자기 친구를 위해 목숨을 내놓는 것보다 더 큰 사랑은 없다.

― 요한복음 15장 13절

유머가 꽃피는 곳

시공 여행을 마친 두 사람은 박사의 사무실로 돌아와 마주앉았다. 창밖에는 이미 짙은 어둠이 내려앉았다. 건물과 자동차가 뿜어내는 불빛들이 베를린의 밤을 물들이고 있었다. 두 사람은 뜨거운 캐모마일 차를 마시며 한동안 말없이 시공간 여행의 흥분과 여독을 달랬다.

멜랑주 박사가 침묵을 깨고 말했다.
"훈트 사장님! 일주일 동안 수고 많으셨습니다. 이제 예수의 유머를 따라간 여정은 여기서 마무리되는 것 같습니다."
훈트가 고개를 끄덕이며 "그렇군요." 하고 대답했다.
"어떻습니까, 소감이?" 박사가 물었다.

훈트의 머릿속에서는 그동안 자신이 회사와 가정에서 수없이 해왔던 고함과 비난과 질책과 권위주의적 언행이 하나둘씩 떠올랐다. 특히 그를 비방하는 비틀러 씨에게 품었던 분노의 감정이 되살아나며 머릿속을 어지럽혔다.

그가 무거운 마음으로 입을 열었다.

"예수님과 같은 아량이 있다면 회사에서나 가정에서나 화낼 일이 별로 없을 것 같군요."

"그렇습니다, 유머는 아량을 바탕으로 나오는 것이지요. 아량이 없으면 상대에게 유머로 웃음을 주고 싶은 마음도, 부드럽게 응수하는 말도 나올 수가 없습니다. 아량 없이 유머는 존재할 수 없는 법이니까요. 유머 감각을 갖춘다는 것은 인격적인 변화를 의미합니다."

박사의 말이 끝나자 훈트가 다소 놀랍다는 표정으로 말했다.

"허허! 나는 그동안 유머라는 게 그저 우스갯소리나 하면서 사람들을 웃기는 것이라고만 생각해왔습니다. 이 세계가 이렇게 깊고 위대한 줄은 박사님과 예수님을 만나기 전엔 전혀 몰랐습니다."

얼굴 가득 미소를 띤 박사가 자리에서 일어나며 말했다.

"자, 지금까지 진정한 유머의 세계를 흠뻑 체험하셨으니 이제부터는 이 유머를 내 것으로 만드는 훈련을 본격적으로 시작하겠습니다."

훈트도 박사를 따라 일어나면서 "알겠습니다!" 하고 유쾌한 목소리로 대답했다.

그날 이후, 멜랑주 박사의 지도하에 훈트는 본격적인 유머교육을 받기 시작했다. '이 교육이 다른 모든 것보다 최우선이다!'라는 각오로 열심히 임했다.

그렇게 3개월쯤 지난 어느 날 오후, "사장님!" 하고 카타리나가 훈트의 방문을 열었다.

그는 비서의 낯빛을 살피며 "무슨 일이지?" 하고 물었다. 이렇게 직원들이 개인적으로 그를 찾을 때는 회사를 그만두겠다는 용건으로 오는 일이 많아 그는 노이로제에 걸려 있었다.

그녀가 생글거리며 말했다.

"요즘 사장님 때문에 직원들이 수군거립니다."

"왜?"

"사장님이 너무 좋아지셨대요."

그제야 훈트가 비로소 긴장을 풀며 웃음을 터뜨렸다.

"내가 뭐가 좋아져, 이 사람들아! 별소리를 다 듣겠군."

같이 웃던 카타리나가 진지한 얼굴로 말했다.

"사실 사장님도 느끼셨겠지만 그동안 직원들과 벽이 좀 있으셨거든요."

"그래? 그랬던가?"

그가 잠시 겸연쩍은 표정을 짓더니 이내 물었다.

"그럼 지금은?"

그녀가 다시 얼굴에 환한 미소를 담고 말했다.

"웃음도 많아지셨고, 무엇보다 고함치는 일이 사라지셨잖아요. 갑자기 바뀌셔서 사장님이 어디 아프신 거 아니냐고 묻는 사람들도 있던데요?"

"뭐? 하하하하하!"

그녀가 더욱 흥분된 목소리로 말했다.

"사장님, 화가 나시면 직원들한테 뭔가 던지는 버릇이 있으셨잖아요. 그 일 때문에 야구 글러브 끼고 회사 다녀야겠다는 사람도 있었는걸요."

"푸하하하하하하!"

훈트는 배꼽을 잡으며 정신없이 웃어댔다. 카타리나가 웃으며 말을 이어갔다.

"다들 뭐라는 줄 아세요? 우리 사장님, 회사에 계시지 말고 교육만 받게 해야겠답니다!"

그때 밖에서 전화벨이 요란하게 울렸다. 카타리나가 황급히 자리로 돌아가 받았다.

"사장님, 한지뮬러 변호사님입니다!"

"여보세요? 아, 한지뮬러 변호사님!"

"훈트 사장님, 비틀러 씨 고소 건은 어떻게 하실 겁니까? 잠깐 보류해달라고 하신 지 벌써 석 달이 다 돼갑니다."

"아, 네! 이제 결정했습니다. 고소하지 않겠습니다."

"네? 아니 왜요? 비틀러 씨 비방 내용 중에 이런 게 있더군요.

'훈트펫 제품을 먹은 개가 경기를 일으켜 주인을 물었다.', 이런 건 저쪽에서 사실관계를 입증해야 합니다. 근거가 없는 일이라면 우리가 이기고도 남습니다. 이런 일 없었던 거 확실하죠?"

"당연하지요. 우리 훈트펫 사료를 먹은 개는 기분이 째지게 좋아져서 주인을 핥아주면 핥아줬지 결코 그런 일은 있을 수 없습니다. 최근에도 거기서 우리를 비방하는 팩스를 달튼 사에 더 보낸 모양이지만, 고소하지 않겠습니다."

"그럼 어떻게 하시게요? 계속 당하고만 계실 건가요?"

"이 건은 내가 알아서 할 테니 변호사님은 관세 환급 소송 건에만 신경 써주십시오."

전화를 끊은 뒤 한동안 생각에 잠기던 훈트는 무슨 중대한 결심이라도 한 듯 침을 꿀꺽 삼키고 긴장한 채 다시 수화기를 집어 들었다. 그의 심장이 요동치고 있었다.

그 시간, 자리에 앉은 채 졸고 있던 비틀러 사장은 비서의 인터폰 소리에 깜짝 놀라 눈을 떴다.

"사장님! 훈트펫 사장님이 전화하셨습니다."

일순간에 잠이 확 달아났다. 여태껏 자신이 비방해 온

훈트 사장이 직접 전화를 하다니!

"여, 여보세요?"

"비틀러 사장님, 볼프강 훈트입니다!"

전화기 저편에서 들려오는 훈트 사장의 목소리는 활기가 넘쳐났다.

"무슨 일이시오?"

비틀러 사장은 단단히 전투태세를 취하고 퉁명스럽게 물었다.

심장이 쿵쾅거리기 시작했다.

"비틀러 사장님, 달튼 쪽에 저희들 칭찬을 많이 해주신 모양이더군요."

'잘도 비꼬는군.'

비틀러는 미간을 잔뜩 찌푸리며 대꾸했다.

"예, 워낙 좋은 점이 많으셔서 제가 홍보 좀 해드렸습니다."

"감사합니다만, 홍보를 해주시려면 그냥 말로 하셔도 될 텐데 왜 굳이 팩스까지 보내셨습니까? 달튼 쪽에서 자꾸 그 팩스를 저희한테 보내오고 있어서요. 다음부턴 그냥 말로만 해주셔도 홍보 효과는 충분할 것 같습니다."

 전혀 비꼬는 투가 아니었다. 용서와 진심이 담긴 부드러운 목소리였다. 비틀러 사장도 그걸 느낄 수 있었다. 전화를 끊은 비틀러는 맥이 탁 풀리며 "휴!" 하고 한숨을 내쉬었다.

 통화를 마친 훈트가 이내 고개를 갸웃거렸다.
 '이상하다. 왜 이렇게 마음이 편안하지?'
 비틀러 사장만 생각하면 피가 거꾸로 솟구치는 훈트였기에 통화 전만 하더라도 그 감정과 일전을 치를 단단한 각오를 했었다. 그런데 이상하게 통화를 마치고 가벼운 기분이 되더니 하늘로 붕~ 날아오를 것 같았다. 바로 헬퍼스 하이Helper's High : 이타적 행위자가 느끼는 뿌듯함에 도달한 것이었다.
 그의 머릿속에서 멜랑주 박사의 말이 맴돌기 시작했다.

"유머의 꽃은 드넓은 아량의 꽃밭에서 화려하게 피어나는 것입니다."

"세상도 느긋하고 신도 느긋하니,
우리도 느긋함에 적응할 필요가 있습니다."

마지막 계단

✦

완전한 인도

다음 날 멜랑주 박사의 사무실을 찾은 훈트의 손에는 큼지막한 빵 봉지가 들려 있었다.

"웬 빵입니까?"
박사가 묻자 훈트가 기분 좋은 목소리로 대답했다.
"우리 집에서 즐겨먹는 빵을 좀 사왔습니다."
그가 빵 봉지를 풀어 탁자 위에 늘어놓았다. 작고 앙증맞게 생긴 빵들이 먹음직스럽게 속살을 드러냈다.
멜랑주 박사가 빵 하나를 입에 넣고 우물거리며 말했다.

"맛있군요. 마침 출출하던 참인데 잘 사오셨습니다. 어디 빵인가요?"

박사는 빵 봉지를 들여다봤다.

"브레덴코라는 제과점 빵입니다. 이것 좀 드셔보십시오. 티니앙팡이라는 빵인데, 우리 애들이 아주 좋아해서 제가 가끔 집에 사들고 갑니다."

박사가 장난기 섞인 얼굴로 말했다.

"부모들은 보통 자기가 먹고 싶으면 애들 핑계를 대고 사더군요."

"하하하하하!"

두 사람은 입에 잔뜩 빵을 문 채 너털웃음을 터뜨렸다.

"이거 묵직하고 밋밋한 우리 독일 빵과는 좀 다른데요? 달콤한 크림이 잔뜩 들어있어 특이하고 맛이 좋네요."

빵 파티가 끝난 후 훈트가 말했다.

"멜랑주 박사님! 이젠 저도 어느 정도 아량이 생긴 것 같습니다. 하지만 호통을 치지 않고 부드럽게 유머로 말하려 해도 무슨 말을 할지 아직은 생각처럼 바로바로 떠오르질 않는군요."

"모든 상황에서 그때그때 적절한 유머를 생각해내기란 쉬운 일이 아닙니다. 아마 최고 유머리스트 예수나 가능할 걸요? 게다가 유머를 배우신 지 이제 3개월인데, 벌써 그걸 다 하실 줄 알면 저는 굶습니다. 우선 1년간의 교육과정을 열심히 받으십시오."

박사는 훈트를 한 번 쳐다보더니 휴머신으로 다가갔다.

"오늘은 오랜만에 예수의 시공으로 가볼까요?"

"예수님의 유머는 그때 다 본 게 아니었나요?"

"훈트 사장님이 배우셔야 할 핵심 유머는 전에 다 보신 게 맞습니다. 지금부터 보실 것은 예수의 유머를 연구할 때 반드시 포함해야 할 그분만의 독특한 특성입니다. 예수 유머의 부록 편이라고나 할까요?"

적절한 때

예수가 길을 가고 있는데 이민족 여인 하나가 그에게로 다가왔다.

멜랑주 박사가 짧은 설명을 덧붙였다.

"스스로 하나님의 선택된 민족이라 생각한 유대인들은 이민족들을 천대했습니다. 그 사실을 염두에 두고 이제부터 일어날 일을 지켜보십시오."

여인은 예수에게 와서 간곡히 부탁했다.

"예수님, 제 딸이 병들었습니다. 제발 제 딸을 살려주십시오."

그런데 그렇게 자비롭고 인자한 예수님이 그 여인의 청을 못 들은 척하고 계속 앞만 보고 걸어가는 것이 아닌가. 여인은 계속 자기 딸을 살려달라고 울부짖으며 쫓아왔다.

"아니, 예수님이 왜 저러시죠? 아주 냉정하게 대하시네요."

훈트가 깜짝 놀라 물었다.

보다 못한 제자들이 예수에게 말했다.

"주님, 저 여인을 빨리 내쫓아버리십시오. 계속 우리를 따라오면서 소리를 지르니 귀가 따갑습니다."

여인은 어느새 예수 바로 앞까지 와서 무릎을 꿇더니 말했다.

"주여, 제발 저 좀 도와주십시오!"

그러자 예수가 굳은 얼굴로 냉담하게 말했다.

"우리 유대 민족의 아이들을 먼저 먹여야 한다. 자녀의 빵을 취하여 개들에게 던지는 행동은 옳지 않다."

그러자 여인이 대답했다.

"주님 말씀이 옳습니다. 하지만 개들도 자기 주인의 상에서 떨어지는 부스러기를 먹지 않습니까?"

이 말에 예수가 껄껄껄 웃으며 말했다.

"여인아, 네 믿음이 크구나. 네 소원대로 될 것이다."

"하하! 유머의 대가가 유머에 설득된 셈이군요! 그런데 좀 이상하시네요? 어차피 저 여인의 딸을 낫게 해줄 거면서 왜 저렇게 튕기셨죠? 조금 의아하네요."

훈트가 몹시 궁금하다는 얼굴로 박사를 쳐다봤다. 하지만 그는 미소만 지을 뿐 선뜻 대답하지 않았다.

답답해진 훈트가 말했다.

"능청 같기도 하고 딴전을 부리신 것 같기도 하고…, 저 여인에게는 너무나 절박한 일인데 장난을 치실 리는 만무하고…. 이민족 여인이라고 차별하신 건가요?"

그제야 멜랑주 박사가 입을 열었다.

"예수 그리스도가 무슨 부탁만하면 'Yes, Sir!' 하고 번개처럼 달려와서 부탁을 들어주는 척척 로봇인가요? 예수님은 동전만 넣으면 '윙-' 하고 바로 커피를 내주는 자판기가 아닙니다. 저분은 우리에게 사랑과 자비를 베풀기 좋아하지만 그 시기와 방법과 내용은 전적으로 당신만의 설계와 계획대로 하실 권리를 가진 분이십니다. 우선 이 사실을 염두에 두십시오. 이와 비슷한 일들이 더 있습니다."

그는 더 이상 설명하지 않고 "에바다굼!"을 외쳐 시공을 옮겼다.

다 알아도 모르는 척

예수가 죽은 지 사흘째 되는 날 새벽에 그의 어머니 마리아를 비롯한 여인 몇 명이 예수의 무덤을 찾아왔다. 그런데 이게 웬일인가! 무덤이 비어 있지 않는가. 여인들은 너무나 놀라서 어쩔 줄을 몰랐다. 그때 천사가 나타나 그들에게 말했다.

"너희들이 찾는 예수는 다시 살아나서 너희보다 먼저 갈릴리로 가셨다. 거기서 그를 볼 것이다."

이게 도대체 무슨 말인가? 아직도 큰 슬픔에 싸여 있던 여인들은 한편으로는 큰 기쁨으로, 다른 한 편으로는 무서움으로 머릿속이 혼란스러웠다. 그들은 제자들이 있는 곳으로 허둥지둥 달려갔다. 하지만 얼마 안 가 길 위에 한 남자가 서 있는 것을 보았다. 가까이 가보니 바로 예수였다! 소스라치게 놀라는 여인들에게 그가 아무 일도 없었다는 듯 천연덕스럽게 말했다.

"평안들 하시오?"
"하하하하하!"
여인들의 뒤를 좇아가던 훈트가 웃음을 터뜨리며 말했다.

"저렇게 불안하고 초조해하는 여인들에게 대뜸 평안하냐고 물으시네요! 초상집에 가서 '평안하십니까?'라고 묻는 격 아닙니까! 하하하! 예수님도 참 엉뚱하십니다. 정말 엉뚱하세요!"

"이제 엠마오 마을로 가는 두 제자에게 가실 테니 우리가 먼저 갑시다."

훈트의 어깨를 끌며 박사가 말했다.

"저기 앞서가는 두 사람이 엠마오 마을로 가는 제자들입니다. 어서 따라붙도록 하죠."

박사와 훈트가 걸음을 재촉해 두 제자의 오른편으로 붙었다. 그들은 예수의 부활에 대해 얘기를 나누고 있었다.

"주님이 다시 살아나셨다는데 진짜일까?"

"여자들은 봤다던데, 우리 형제들은 아직 못 봤다고 하잖아."

"그렇다면 예수님의 시신은 정말 어디로 사라진 거야?"

이윽고 그들의 왼편으로 한 남자가 홀연히 나타나더니 그 곁에 바짝 붙어 걷기 시작했다. 부활한 예수였다. 하지만 두 제자는 알아보지 못했다. 예수의 얼굴은 환하게 빛이 나며 변형되어 있었다. 그들의 바로 오른편에서 나란히 걷고 있던 멜랑주 박사가 예수를 가리키며 조용히 보라는 신호를 보내자 훈트가 고개를 끄덕했다. 이제 모두 다섯 명의 남자가 옆으로 나란히 걸어가는 장면이 펼쳐졌다.

"당신들 무슨 얘기를 그렇게 심각하게 하고 있소?"
예수가 시치미를 뚝 떼고 물었다.
그러자 두 제자가 더욱 슬픈 표정을 지으며 걸음을 멈췄다. 다섯 명의 일행 모두 멈춰 섰다. 두 제자는 여전히 예수를 알아보지 못했다. 그 중 한 사람이 예수에게 말했다.
"보아하니 예루살렘에 사시는 모양인데, 최근에 일어난 그 떠들썩한 사건을 당신만 모르십니까?"
예수가 천연덕스럽게 대답했다.
"무슨 일 말이오?"
그러자 그 제자가 예수와 관련해 일어난 일들을 십자가 사건 이전부터 열심히 설명하기 시작했다.
"크크크크!"
훈트가 터져 나오는 웃음을 손으로 틀어막았다. 바로

옆에 예수가 있는데 그렇게 웃으면 어쩌느냐는 투로 박사가 미간을 찌푸리며 자기 입술에 손가락을 갖다 댔다. 훈트가 못 참겠다는 듯 그의 귀에 대고 속삭였다.

"킬킬킬킬! 예수님이 모르는 척 딴전을 부리면서 묻는 것도 그렇고, 저 제자 좀 보세요. 사건의 장본인인 예수님 앞에서 전혀 무관한 사람에게 하듯 열을 올려가며 설명하는 것 좀 보시라고요. 이거 완전히 공자 앞에서 주름 잡는 격 아닙니까?"

작게 웃던 박사도 손으로 입을 막더니 훈트의 귀에 대고 속삭였다.

"예수님은 또 어떻게 하고 계시는지 보세요. '아!', '정말?', '저런!', '그런 일이 있었군!' 하시면서 마치 전혀 모르는 사람마냥 열심히 고개를 끄덕이며 진지하게 듣고 있잖습니까! 하하하!"

그러더니 박사가 정색을 하면서 다시 훈트의 귀에 대고 속삭였다.

"그리고요, 주름은 번데기 앞에서 잡는 거고 공자 앞에선 문자를 쓰는 겁니다."

멜랑주 박사와 훈트는 가던 길을 멈추고 예수와 두 제자가 멀어져가는 모습을 지켜보았다.

"앞으로 '공자 앞에서 문자 쓴다.'라는 말 대신 '예수 앞에서 십자가 얘기한다.'는 말을 써야겠습니다."

"하하하! 훈트 사장님의 유머 감각이 나날이 발전하는 것 같군요. 예수 앞에서 십자가 설명한다? 그것 참, 생각할수록 말 되네요."

두 사람은 마주 보며 다시 한 번 크게 웃었다.

깨달을 때까지 기다린다

다섯 개의 빵과 두 마리의 물고기로 아이와 여자를 빼고도 오천 명의 군중을 먹이신 오병이어의 기적. 이 기적을 베푸시기 직전에 제자들이 예수에게 말했다.

"주님, 이곳은 아무것도 없는 허허벌판이고 날도 이미 저물었습니다. 사람들을 돌려보내서 마을에 들어가 먹을 것을 사먹게 하십시오."

예수가 대답했다.

"갈 것 없다. 너희가 먹을 것을 주어라."

제자들이 깜짝 놀라 '이 많은 사람들을 어떻게 우리 보고 책임지라는 것인가!' 하고 당황하며 말했다.

"아이고, 주님! 사람들 입은 수천 개인데, 우리에게 있는 것은 고작 빵 다섯 개와 물고기 두 마리뿐인걸요?"

예수가 껄껄껄 웃으며 "그것을 내게 가져와라."라고 말했다. 그리고 군중을 향해 "자, 모두 자리에 앉으시오!" 하고는 다섯 개의 빵과 두 마리의 물고기를 가지고 하늘을 올려다보며 축복기도를 하신 뒤 빵을 떼어 제자들에게 주었다. 그들이 받아서 군중들에게 나눠주니, 모두 배불리 먹고 남은 음식이 열두 바구니에 가득 찼다.

"분명 사람 놀래키는 장난기가 있으신 것 같습니다."

훈트가 큰소리로 웃으며 말했다.

"비슷한 스타일로 말씀하신 경우가 또 있습니다. 에바다굼!"

회당장 야이로의 딸이 병들었다는 얘기를 듣고 그 집에 갔더니 아이는 이미 숨을 거두었고, 사람들은 '아이고, 아이고!' 하며 크게 통곡하고 있었다. 예수가 울고 있는 그들에게 천연덕스럽게 말했다.

"이보시오들! 곤하게 자는 애 앞에서 왜들 그리 시끄럽게 울고 있소? 자던 애가 깨면 어떻게 하려고 그러시오?"

그러자 한 사람이 울먹이며 말했다.

"아니, 그렇게 지혜롭다는 선생님께서 죽은 것과 자는 것도 구분 못 하십니까? 죽은 애를 보고 자고 있다니요! 가뜩이나 슬픔에 겨워 괴로워하는 우리를 놀리시는 겁니까?"

이들의 원망에도 불구하고 예수는 아주 고요한 표정으로 말했다.

"아직도 모르시겠소? 이 아이는 죽은 것이 아니라 자고 있는 거요."

그리고는 아이의 손을 잡고 말했다.

"소녀야, 일어나라!"

바로 그 순간, 소녀의 영혼이 천장에서 홀연히 내려오는 것이 아닌가. 이 광경을 보고 있던 훈트가 "앗!" 하고 외마디 비명을 질렀다. 얼빠진 표정으로 입을 벌린 채

서 있는 그를 향해 소녀의 영이 생긋 미소를 짓더니 손을 한 번 흔들었다. 멜랑주 박사도 미소를 지으며 소녀에게 손을 흔들었다. 두 사람은 안면이 있는 것 같았다. 그 영혼은 아이의 몸속으로 쑥 들어갔다. 이윽고 소녀가 눈을 번쩍 뜨더니 기지개를 켜면서 "아~함, 잘 자고 있는데 왜 이렇게 시끄러워요?" 하고 일어나 걷는 것이 아닌가! 사람들은 기겁을 하며 그대로 졸도하고 말았다.

"자, 자! 훈트 사장님, 그만 정신 차리시고 이제 정말 색다른 경험을 하러 가봅시다."

처음으로 영혼을 본 충격에서 헤어나지 못하고 있는 훈트의 어깨를 박사가 툭 쳤다. 그가 퍼뜩 정신을 차렸다.

바다 위의 네 사람

"으악! 이게 뭡니까!"

훈트가 휘청거리며 박사를 꽉 붙잡았다.

"진정하세요, 지금 우리는 바다 위에 서 있는 겁니다.

여기서는 우리도 바다 위를 걸을 수 있습니다. 시공을 초월하기 때문이죠."

"무슨 바다 위가 이렇게 물컹거리는 젤리 같지?"

훈트는 신기해하며 혼자 중얼거렸다.

주위는 온통 칠흑같이 어두웠다. 검은 바다의 물결이 그들의 발밑에서 출렁거리고 있었고, 그들의 몸도 같은 리듬을 타며 움직였다. 광활한 바다 한가운데 맨발로 서있는 놀라움은 곧 경이로움으로 바뀌었다.

"오! 이걸 뭐라 표현할 수 있을까? 자연의 신비? 위대함? 경이로움? 세상에! 이런 엄청난 느낌을 말로 표현할 수가 없다니! 참으로 빈약한 너 인간의 언어여!"

훈트는 시적 감흥이 샘솟는 듯 전율했다.

파도가 그의 발바닥을 간질이며 지나갔다. 마치 밟고 선 카펫 밑으로 생쥐 떼가 지나가는 듯한 느낌이었다. 침대 위에서 뛰듯 그는 바다 위에서 깡충깡충 뛰어보았다.

바람이 점점 거칠어졌다. 다소 쌀쌀한 듯했으나 한기는 느껴지지 않았다. 아마도 몸에 두른 컴퓨터 망토가 방한기능도 해주는 모양이었다.

그때 멜랑주 박사가 소리쳤다.

"아, 큰 파도가 밀려오기 시작하네요! 저기를 보세요!"

훈트가 고개를 돌렸을 때는 이미 그의 키만한 파도가 코앞까지 다가와 있었다. 그 뒤로도 이루 헤아릴 수 없는 파도들이 돌격해오는 병사들처럼 '쏴!' 하는 소리를 내며 끊임없이 몰려왔다. 장관이었다.

그가 긴장하기 시작했다. 이를 눈치 챈 박사가 말했다.

"겁먹으면 안 됩니다. 애들의 날 현상이 또 나타나면 바다에 빠집니다."

그러고도 마음이 안 놓였는지 박사는 얼른 유머 하나를 꺼냈다.

"어떤 세 사람이 서로 자신이 가장 큰 빵을 먹어봤다고 자랑했습니다. 첫 번째 사람이 말하길 '난 오늘 아침 자동차만한 빵을 먹고 왔어.'라고 하니까 두 번째 사람이 '그 정도가 뭐가 커? 난 에어버스 A380 여객기만한 빵도 먹어봤는데' 하고 우쭐댔지요. 그러자 세 번째 사람이 말했습니다. '내 말 좀 들어봐. 난 빵이 얼마나 크던지 삽으로 퍼먹었다니까. 그런데 한참을 먹다보니 뭔가 덜컥하고 삽 끝에 걸리더라고. 보니까 표지판이야.

그래서 살펴봤더니 이렇게 씌어 있더군."

'끝까지 남은 거리.. 2km.'

"하하하하하!"

두 사람은 호탕하게 웃어젖혔다.

훈트는 자신의 몸과 마음을 옥죄고 있던 긴장과 두려움이 깨끗이 날아가는 기분을 느꼈다. 이윽고 커다란 파도가 발밑을 요동치며 지나가자 두 사람의 몸이 휘청거렸다. 한동안 그렇게 허둥거리고 있는데 갑자기 바람이 잦아들더니 사납게 몰려오던 파도가 조용히 사라졌다. 심상치 않은 분위기를 감지한 두 사람은 주변을 두리번거렸다. 그때였다. 칠흑 같은 어둠 저편에서 누군가 유령처럼 걸어오는 모습이 희뿌옇게 보였다. 예수였다.

그는 자신을 응시한 채 우두커니 서 있는 훈트와 박사 바로 앞까지 걸어왔다. 두 사람은 서둘러 양옆으로 비켜서며 길을 열어주었다. 박사가 무릎을 꿇으며 경배드리는 자세를 취하자, 엉겁결에 허리만 굽혔던 훈트도 박사를 따라서 무릎을 꿇었다. 예수는 앞을 향해 가볍게 목례를 하고는 그들이 터준 길로 지나갔다. 두 사람도 저만큼 떨어져서 그 뒤를 따라가기 시작했다. 얼마쯤 물 위를 걸어가자 저 멀리 제자들이 탄 배가 보였다. 그쪽은 아직도 바람이 강하게 불고 있었다. 큰 파도 때문에 제자들이 노를 젓느라 애쓰고 있었다. 예수는 곧 뒤집힐 듯 요동치는 배 안에서 쩔쩔매고 있는 제자들을 조용히 바라보았다. 그리고 무표정한 얼굴로 천천히 배를 향해 걸어가더니 조용히 그 옆을 지나쳐갔다.

"어엇! 예수님이 곤경에 빠진 제자들을 모른 척하고 그냥 가버리시네요?"

훈트가 의외라는 듯 말하더니 곧 입가에 미소를 띠며 덧붙였다.

"또 그 장난기가 발동하신 것 같은데요?"

그때 제자들이 물 위를 걷는 존재가 예수인 줄 깨닫지 못하고

"악! 유령이다!" 하며 비명을 질러댔다.

예수가 다정한 얼굴로 말했다.

"안심해라! 나다! 두려워 마라."

베드로가 말했다.

"주님, 정말 주님이시라면 저에게 물 위로 걸어오라 하소서."

"오너라."

베드로가 배에서 내려 물 위를 걷기 시작했다. 그의 눈에 비로소 예수 뒤쪽에 서 있는 훈트 사장과 멜랑주 박사가 보였다. '저 사람들은 또 누구지?' 하고 생각하는 순간, 거센 바람과 큰 파도가 눈에 들어오자 겁이 덜컥 났다. 그리고 순식간에 그의 몸이 바닷물 속으로 빠져들었다.

"주님, 살려주십시오!"

예수가 즉시 손을 내밀어 허우적거리는 베드로를 잡으며 말했다.

"믿음이 적은 사람아, 왜 의심하느냐?"

"아! 지금 베드로에게도 애들의 날 현상이 나타났군요!"

"바로 그렇습니다. 예수의 능력을 담대히 믿음으로써 저렇게 바다 위를 걷는 능력이 생겼는데, 공포와 긴장에 사로잡힌 순간 의심이 생기면서 능력 자체도 위축되어버린 겁니다."

여유롭게 그리고 완전하게

사무실로 돌아온 훈트는 이 특별한 경험 때문에 흥분해 있었다.

"우리가 길을 열고 경배를 드리자 예수께서 목례를 하지 않으셨습니까? 박사님도 보셨지요?"

"네…."

멜랑주 박사는 뭔가 깊은 생각에 잠겨 있는 듯 말이 없었다. 이럴 때 자꾸 물어봐야 별 소용없을 거라는 생각이 들자 훈트는 화제를 돌렸다.

"그런데, 정말로 예수님은 짓궂은 면이 있는 것 같지 않습니까? 사람들의 상식이나 기대와는 전혀 다른 엉뚱한 말과 행동을 하시고, 알면서도 모르는 척 딴전을 부리기도 하시잖아요? 이런 태도도 넓은 의미에서 보면 다 유머인 거죠? 그렇죠?"

"맞습니다, 몇 가지 일화를 더 말씀드릴까요?

어느 날, 예수가 태어나면서부터 눈이 안 보이는 맹인을 만났다. 예수는 말없이 땅에 침을 뱉어 진흙을 이겨 그의 눈에 발랐다. 사람들이 이상해서 물었다. "선생님, 그렇게 진흙으로 꽉 막아버리면 더 안 보이잖습니까?" 그러나 예수는 계속 아무 말 없이 진흙을 꼼꼼히 바른 뒤 맹인에게 말했다. "실로암 연못에 가서 씻어라." 그가 가서 눈을 씻으니 세상이 밝게 보였다.

― 요한복음 9장 1-7절

"역시 예수님은 보통 사람의 예측을 벗어나는 분이십니다."

훈트가 신이 나서 거들었다.

"이런 성향은 우물가에서 사마리아 여인을 만났을 때도 나타났습니다. 그녀의 사생활을 잘 알면서도 예수는 모르는 척 여인에게 명령했습니다. '가서 네 남편을 불러와라.' 여인이 '저는 남편이 없습니다.' 하고 대답하자 예수는 이렇게 말했습니다. '네가 남편이 없다는 말이 맞다. 너에게 남편 다섯이 있었고, 지금 있는 자도 네 남편이 아니니 네 말이 참으로 맞다.'"

"어른의 마음속에는 장난을 치고 싶어 안달이 난 어

린애가 여러 명 살고 있다는 말이 생각납니다. 아무리 점잖은 척하고 진지한 사람이라도 그 마음속에는 장난기나 엉뚱한 행동을 하고 싶은 본능이 있지 않습니까? 예수님은 그 장난기를 마음껏 끄집어내 웃고 즐기며 유쾌하게 가르칠 줄 아는 분이셨던 것 같습니다."

"맞습니다, 예수님은 어떤 상황에서도 여유를 가질 줄 아는 분이셨습니다."

"그런데 한 가지 의문이 있습니다. 바다에서 풍랑과 싸우며 쩔쩔매는 제자들을 얼른 도와주지 않고 모른 척 지나친 일이나, 병든 딸을 고쳐달라고 부탁하러 온 이방여인을 짐짓 냉정하게 대했던 일 등을 보면 너무 짓궂으신 게 아닌가 하는 생각도 듭니다. 정말 예수님은 고통 받는 인간을 상대로 장난을 치는 짓궂은 분인가요?"

"그렇기도 하고 그렇지 않기도 합니다."

"네? 무슨 그런 대답이 있습니까?"

훈트가 두 눈을 동그랗게 뜨며 눈썹을 씰룩거렸다.

"예수님이 그저 진지하고 심각하기만 한 분이었다면,

누군가 고통 받고 있을 때 도와주려고 허둥지둥 덤벼들기만 했을 겁니다. 고통의 시간을 조금이라도 줄여주려고 말이죠. 하지만 훈트 사장님께서 보신 것처럼, 예수님은 유머도 즐길 줄 알고 여유도 풍성한 분이시잖습니까? 그러므로 상황이 얼마나 긴박한가에 따라서 도움 주는 시간을 조절하실 줄 아셨죠."

"너무 여유를 부리다 일을 그르치신 적은 없나요?"

"전혀요. 기본적으로 예수님은 도움을 청하는 모든 사람의 손을 즉시 잡아주는 분이셨습니다. 다급한 고통이나 위협이 다가오는 순간에는 지체하는 법이 없으셨지요. 풍랑을 만난 제자들에게는 느긋하셨지만 바다에 빠진 베드로에게는 곧바로 구원의 손길을 내민 일이나, 또 어떤 일도 해선 안 되는 안식일을 어긴다는 공격까지 받아가면서 18년간 등이 꼬부라진 채 살아온 여인을 치료해주는 것도 보시지 않았습니까?"

"그렇습니다."

"물론 좀 고통을 받더라도 느긋하게 도와준 예도 있습니다. 풍랑을 만난 제자들의 경우나 병든 딸을 고쳐달라고 하던 이방 여인의 경우가 여기에 속하겠지요.

그러나 결국은 도움을 주지 않으셨습니까? 그리 길게 지체하시지 않고 말입니다."

"그렇다면 결국 예수님은 중요한 일을 행하는 데 있어서도 유머와 여유를 즐길 줄 아는 분이라는 말이 되겠군요. 일 끝나고 쉬는 시간에만 즐긴 게 아니라 일하는 중에도 여유를 찾을 줄 아는, 언제 어디서나 유머를 잊지 않는 전천후 유머리스트였다는 얘기, 맞지요?"

"이야! 그 정도면 훈트 사장님도 슬슬 하산하실 때가 되어가는 것 같은데요. 하하하하!"

"박사님, 여긴 1층이라 내려갈 데가…."

집으로 돌아오는 차 안.

가을빛으로 물든 스쳐 가는 창밖 풍경을 물끄러미 내다보며 훈트는 멜랑주 박사의 말을 조용히 되새겼다.

"우리는 신에게 얼른 소원을 들어달라고 기도하지만, 바로 응답을 받는 경우는 많지 않습니다. 신의 시간과 인간의 시간엔 차이가 있기 때문입니다. 신이 느긋한 이유는 짓궂어서가 아닙니다. 백억 원을 달라고 기도했는데 바로 받았다고 생각해보십시오. 백억 원을 잘 관리할 수 없는 성숙하지 않은 사람에게 그렇게 큰돈은 오히려 복이 아니라 화가 될 수 있습니다. 인내를 통해 훌륭한 인격으로 만들고 장차 더 크게 성장시키려는 깊은 뜻이 있는 것입니다. 그래서 놀랄 만큼 큰 성공을 거둔 사람들 중에 삶의 가장 밑바닥까지 간 사람들이 그렇게 많은 이유죠. 고난이 닥쳐왔을 때, 오히려 웃을 수 있는 유머를 가진다면 이 풍파 많은 세상에서 허우적거리지 않을 수 있습니다.

어떤 경우엔 너무나 처절하게 망가져서 도저히 돌이킬 수 없는 지경이라 완전히 끝났다고 생각될 때도 있습니다. 하지만 신은 죽음까지도 돌이킬 수 있습니다. 사람의 눈엔 다 끝난 것처럼 보일 수 있겠지만 세상은 여전히 돌아가고 있으며 그분의 입장에서 보면 끝난 것은 더더욱 아무것도 없습니다."

"세상도 느긋하고 신도 느긋하니, 우리도 느긋함에 적응할 필요가 있습니다."

Happining

에필로그

볼프강 훈트가 멜랑주 박사에게 유머교육을 받은 지 벌써 1년이 다 되어가고 있다. 이제 한 달 뒤에 있을 유머 교육과정 졸업식만 남았다.

"1년의 교육기간이 끝났다고 해서 무조건 졸업이 되는 게 아닙니다. 5분간의 졸업 스피치를 하는 동안 다섯 번 이상 청중을 웃겨야 졸업장이 나갑니다."

박사의 농담 섞인 말에 훈트는 조금씩 걱정이 되기 시작했다.

'졸업식 때 무슨 얘기를 해야 하지?'

졸업 연설

제 135기 유머 교육과정 졸업식이 열리고 있는 텍톤 770 슈퍼 타워 1층 제3국제컨벤션센터.

드디어 수백 명의 교육생들 앞에 훈트가 섰다. 그의 머릿속에서는 휴머신을 타고 처음 예수를 만나러 갔을 때부터 지금까지의 일들이 파노라마처럼 명멸했다. 훈트는 가슴이 벅차오르는 감정을 억누를 수 없었다.

"지난 1년은 50년 제 인생이 다시 태어나는 시간이었습니다. 어머니 뱃속에서는 아홉 달 만에 태어났지만, 이번에 다시 태어날 때는 열두 달이 걸렸습니다. 유머를 알기 전까지 저는 참 바보처럼 살았습니다. 회사에서는 조금만 마음에 안 들어도 인상을 쓰거나 언성을 높였고, 수가 틀리면 물건까지 집어던지곤 했었죠. 그 때문에 유능한 직원들이 회사를 나가는 경우도 많았습니다. 잘 웃을 줄도 몰랐고 유머와는 벽을 쌓고 일했지요. 그러는 동안 저와 직원들 사이에도 벽이 쌓이고 있었던 것 같습니다. 그런데 저기 앉아 계신 멜랑주 박사님을 통해 예수의 유머를 직접 목격하게 되었고, 제게 변화가 찾아왔습니다. 특히 예수의 부드러움과 아량은 충격적이었지요. '유머만이 내가 살길이다!' 하는 각오로 열심히 배웠습니다. 그러자 몇 달 뒤부터 직원들과 뭔가 소통되는 느낌이 들기 시작하더군요. 벽이 허물어지기 시작했다고나 할까요? 직원들도 그걸 느꼈는지 제가 변했다는 얘기가 나오기 시작했다고 하더군요.

어느 날, 아침회의 때 직원들이 모인 자리에서 제가 말했습니다. '요즘 내가 화도 적게 내고 물건도 안 던져서 여러분이 좋아한다는 얘기가 들리던데, 너무 좋아하지 마라. 집어던지는 버릇은 아직 다 없어지지 않았다. 이제 또 뭔가를 던질 시간이다.'(청중 웃음) 하고는 무뚝뚝한 표정으로 직원 한 명을 호명해 앞으로 나오라고 말했습니다. 그가 잔뜩 긴장해서 굳은 얼굴로 나오더군요. 나는 그에게 '내가 당신에게 물건을 던질 텐데…, 그러나 너무 겁먹진 마라. 이걸로 받으면 되니까.' 하면서 준비했던 야구 글러브를 꺼냈습니다.(청중 폭소) 그때까지 긴장했던 그 직원을 비롯해서 모두가 웃기 시작했습니다. 그러고는 물건 하나를 던졌고, 그는 글러브 낀 손으로 잘 받아냈습니다. 그때 제가 던진 게 뭔지 아십니까? 바로 돈 봉투였습니다.(박수와 환호) 그는 그 달의 최우수 직원으로 뽑혔던 거지요. 이 짓궂은 익살은 예수님께 한 수 배운 겁니다. 그날 직원들이 그러더군요. '사장님, 그런 거라면 저희들한테도 얼마든지 던지십시오!'(청중 폭소)

전에는 제가 나타나면 직원들이 메뚜기처럼 이리저리 튀었습니다. 달아나기 바빴지요. 하지만 요즘은 직원들이 먼저 다가옵니다. 심지어는 '사장님, 또 재미있는 유머 좀 들려주세요.'라고 말하는 직원도 있습니다. 물론 진심인지는 모르겠습니다만….(청중 폭소) 아까 돈 봉투 던져도 된다는 말은 아마 진심일 겁니다.(청중 박수) 거래처에 우리 회사를 지속적으로 비방하는 내용을 팩스로까지 보내던 경쟁업체 사장님이 있었습니다. 저는 그에게 어떻게 보복할까만 생각했었죠. 하지만 제 자신은 물론, 자신을 죽인 원수를 위해 기꺼이 십자가를 진 예수의 그 어마어마한 아량을 눈앞에서 보자, 그 사장님에 대해 너그러운 감정이 생기더군요. 그래서 전화로 그분께 이렇게 말씀드렸습니다. '우리를 욕하시는 건 좋은데, 말로만 하시고 팩스는 보내지 마십시오. 증거를 남기면 곤란하실 거 아닙니까?'(청중 웃음) 그 뒤로 벌써 9개월이 지났는데, 그날 이후 더 이상 그런 일이 없었답니다. 이것 또한 예수께 배운 부드러운 유머의 힘이겠지요.(청중 박수)

제 아내가 오늘 꼭 같이 참석하겠다고 해서 이 자리에 나와 있습니다만, 유머를 알기 전에 저는 참 권위적인 남편이었습니다."
"그건 제가 말씀드리지요."
클라라가 훈트의 이야기를 자르며 자리에서 일어났다. 그는 의외라는 듯 단상으로 올라오는 아내를 쳐다보다가 마이크를 양보했다.

클라라가 입을 열었다.
"제가 갑자기 이렇게 끼어들 줄 제 옆의 훈트 씨는 꿈에도 몰랐을 겁니다. 짧게 말씀드릴게요. 한마디로 남편은 변했습니다. 전에는 제가 좀 늦잠을 자면 이렇게 말하곤 했지요. '빨리 안 일어나? 어디 하늘 같은 남편이 출근하는데 그렇게 누워 자고 있어? 너 장모님께 신부수업 다시 받아오라고 돌려보낸다.' 하고 말입니다.(청중 야유) 그런데 유머를 배운 다음부터는 뭐라는 줄 아십니까? '응, 더 자, 푹 자. 아침밥 좀 안 먹고 가면 어때? 그 대신 나 퇴근할 때까지는 일어나 있어야 돼?'(청중 웃음) 사실 우리 부부는 그동안 자주 싸웠습니다. 오죽하면 시어머니께서 '너희들은 그렇게 싸우면서 참 오래도 같이 산다.'고 하셨을 정도니까요. 그런데 남편이 유머를 배운 다음부터는 싸울 일이 없어졌습니다. 제가 좀 마음에 안 들게 행동하면 소리부터 버럭 지르던 사람이 언젠가 그 날은 제가 남편에게 좀 퉁명스럽게 대했던 것 같습니다. 그런데 여기 계신 훈트 씨가 조용히 내게 다가와서는 제 갈비뼈를 살살 문지르더군요. '뭐 해요?' 하고 제가 뿌리치며 쌀쌀맞게 묻자 이 양반이 뭐라고 하는지 아십니까? 제 옆구리를 다시 문지르면서 부드러운 목소리로 이러더군요. '당신 이럴 거면 내 갈비

삐.. 도로 내놔!'(청중 폭소) 멜랑주 박사님, 이 유머는 박사님이 가르쳐주신 거죠? 이 분 머릿속에서 이렇게 대단한 유머가 나왔다고는 생각지 않습니다. 엊그제 친구와 통화하면서 제가 우스갯소리로 그랬습니다. 난 요즘이 신혼 같다고요. 남편의 변화를 옆에서 지켜본 제가 말씀드리는 게 더 나을 것 같아서 이렇게 나왔습니다."

박수가 터져 나왔고 다시 훈트가 마이크를 잡았다.

"방금 전 방송사고가 있었던 점 사과드립니다.(청중 웃음) 그리고 갈비뼈 유머는 클라라의 말처럼 멜랑주 박사님께 배운 게 맞다는 사실을 자백합니다.

제 오십 평생을 돌이켜보면 후회되는 일이 참 많습니다. 그 중에서도 땅을 치는 원통한 일이 한 가지 있는데 그건 이렇게 좋은 유머를 왜 이제야 알게 되었는가 하는 점입니다. 만일 제가 유머를 좀 더 일찍 깨우쳤다면 제 인생은 완전히 바뀌었을 겁니다. 제 나이 오십에 이 정도면 실패한 인생은 아니라고 생각합니다만, 지멘스나 보쉬, 다이믈러벤츠 같은 거대기업을 이끄는 사람들이 많이 부럽습니다. 제가 유머 감각이 있었다면 지금과 비교할 수 없을 만큼 크게 성공했을 거라고 확신합니다. 너무 후회됩니다. 멜랑주 박사님! 그동안 어디 계시다 이제야 나타나신 거죠? 이 거대한 텍톤 770에 숨어 계셨던 건가요?(청중 웃음)

1년 과정을 마치면 무조건 졸업해야 한다고 해서 할 수 없이 저는 이렇게 밀려나갑니다만, 이것으로 공부가 끝이라고 생각진 않습니다. 박사님이 '유머는 평생 공부'라고 말씀하셨듯이 저의 유머는 지금부터가 시작이라고 생각합니다. 졸업 후 교육 프로그램에도 계속 참여할 겁니다. 아마 죽기 직전까지 배우고 훈련하면 예수의 발뒤꿈치까지는 가지 않을까 생각합니다. 1년 동안 유머의 진면목을 깨우쳐 주신 멜랑주 박사님! 고맙습니다. 저는 결코 당신을 잊지 못 할 겁니다. 그리고 나의 영원한 동반자 클라라! 영원히 사랑하오! 감사합니다. 여러분!"

"와!" 하는 환호성과 함께 우레와 같은 박수가 터져

나왔다.

전인적 변화

　며칠 뒤, 점심을 먹고 사무실로 들어가는 훈트의 휴대폰으로 한 통의 전화가 걸려왔다.
　"훈트 사장님! 나 비틀럽니다."
　그는 깜짝 놀랐다. 팩스사건 이후 처음으로 연락이 온 것이다.
　"예, 비틀러 사장님! 그동안 잘 지내셨습니까?"
　"훈트 사장! 내 칠십 평생을 사는 동안 훈트 사장처럼 넓은 아량을 가진 사람을 본 적이 없습니다. 그때 내게 전화했을 때 용서를 빌지 못한 점, 미안합니다."
　"별 말씀을 다하십니다. 그날 이후 우리 회사 비방을 그만두셨으니 이미 사과하신 거나 같지 않습니까? 그 이상의 사과가 또 어디 있겠습니까?"
　"고맙소. 이제라도 나를 용서해주시오. 그리고…."
　비틀러 사장은 더 이상 말을 잇지 못했다. 눈물을 흘

리고 있는 것 같았다. 그러더니 갑자기 나이 있는 여성의 목소리가 전화선을 타고 흘러나왔다.

"훈트 사장님, 말씀은 많이 들었습니다. 나는 비틀러 사장의 아내 되는 사람입니다."

훈트는 뜻밖의 목소리에 흠칫 놀랐다.

"아, 예! 안녕하세요, 프라우 비틀러!"

"이 양반이 말을 못하고 있어서 제가 대신하겠습니다. 우리 부부는 훈트 사장님 같은 분이 우리 주변에 실제로 존재한다는 사실에 큰 감동을 받았습니다. 오늘 전화 드린 이유는 이 양반이 건강상의 문제로 이제 은퇴하려고 합니다. 자식이 없는 우리 부부는 오래전부터 우리 소유의 주식을 사회에 기부하려고 생각했지요. 비록 정정당당하게 번 돈은 아니지만 쓸 때만큼은 의미 있게 쓰려고 말입니다. 그런데 훈트 사장님이 어떤 분인지 알게 된 뒤부터 몇 개월 동안 심사숙고한 끝에 우리는 결심을 바꿨습니다. 사회에 기부하는 것도 좋지만 우리 기업을 정말 잘 경영해주실 사상님께 맡겨드리면 어떨까 하고 말입니다."

통화를 마친 훈트는 몹시 상기되었다. 두 번째 헬퍼스 하이가 찾아왔다. 비틀러 사장의 기업은 ㈜훈트펫보다 훨씬 큰 규모의 회사였다. 이런 기업을 매수 합병하려면 적어도 1억 유로는 줘야 할 텐데, 그것을 무상으로 넘겨주겠다니! 이것은 주요 언론의 헤드라인을 장식할 빅뉴스였다.

"훈트 사장님께서 우리 회사를 잘 키워 사회에 더욱 크게 이바지해주십시오."

비틀러 부인의 목소리가 아직도 귀에 쟁쟁했다.

'네, 비틀러 사장님과 사모님! 제가 잘 키워서 두 분의 이름으로 사회에 도움이 되는 유익한 사업으로 확장해 보겠습니다.'

그는 이렇게 마음속으로 되뇌며 입술을 지그시 깨물었다.

해피닝

졸업식 후 정확히 일주일 되는 날이 훈트의 생일이었

다. 그날 두 부부는 근사한 레스토랑에서 함께 식사를 즐겼다.

"당신 정말 유머교육 받고 나서 많이 변했어요. 꼭 다른 사람 같다니까요? 호호."

"허허허! 정말 내가 변하긴 변했나 보네. 당신이 자꾸 얘기하는 걸 보니…."

클라라는 조용히 생일카드를 건넸다.

훈트는 아내에게 가벼운 키스를 날리며 두 손으로 카드를 어루만졌다.

"고맙군, 역시 당신밖에 없어."

그의 말에 그녀가 갑자기 정색을 하며 말했다.

"그렇겠죠, 당신 좋다고 헤헤거리는 건 나밖에 없겠죠."

"하하하하!"

그는 쑥스러운 듯 헛웃음을 쳤다.

유머교육을 받기 전, 그녀에게 '돈 벌어올 때만 좋다고 헤헤거린다.'라며 실언했던 것을 다시 들먹거린 것이다.

잠시 후 그는 정색을 하고 말했다.

"맞아, 당신은 당연히 헤헤거릴 수밖에 없어."

"뭐라고요?"

클라라가 눈을 동그랗게 뜨자 훈트가 능청스럽게 말했다.

"당신은 나한테 해처럼 밝은 존재니까 해해거리는 게 맞지. 그럼 달달거릴 거야?"

"호호호호! 당신도 참!"

클라라가 유쾌하게 웃었다.

럭셔리한 샹들리에 불빛이 두 사람을 아늑하게 비추고 있었다.

여보, 다시 태어난다 해도
당신과 결혼하고 싶어요.

-당신을 영원히 사랑하는 클라라

Happining

예수에게 배우는 행복의 여덟 계단

해피닝

초판 1쇄 인쇄 2020년 12월 2일
초판 1쇄 발행 2020년 12월 11일

지은이 이상준
펴낸이 김선식

경영총괄 김은영
책임편집 이영진 **디자인** 마가림 **크로스교정** 조세현 **책임마케터** 최혜령
콘텐츠개발5팀장 박현미 **콘텐츠개발5팀** 봉선미, 마가림, 차혜린, 이영진
마케팅본부장 이주화 **채널마케팅팀** 최혜령, 권장규, 이고은, 박태준, 박지수, 기명리
미디어홍보팀 정명찬, 허지호, 김은지, 박재연, 임유나, 배한진
저작권팀 한승빈, 김재원
경영관리본부 허대우, 하미선, 박상민, 김형준, 윤이경, 권송이, 김재경, 최완규, 이우철

펴낸곳 다산북스 **출판등록** 2005년 12월 23일 제313-2005-00277호
주소 경기도 파주시 회동길 357 3층
전화 02-704-1724
팩스 02-703-2219 **이메일** dasanbooks@dasanbooks.com
홈페이지 www.dasanbooks.com **블로그** blog.naver.com/dasan_books
종이 (주)IPP **인쇄·후가공·제본** (주)상림문화

ISBN 979-11-306-3341-1 (13230)

- 책값은 뒤표지에 있습니다.
- 파본은 구입하신 서점에서 교환해드립니다.
- 이 책은 저작권법에 의하여 보호를 받는 저작물이므로 무단 전재와 복제를 금합니다.
- 이 도서의 국립중앙도서관 출판예정도서목록(CIP)은 서지정보유통지원시스템 홈페이지(http://seoji.nl.go.kr)와 국가자료종합목록 구축시스템(http://kolis-net.nl.go.kr)에서 이용하실 수 있습니다. (CIP제어번호 : CIP2020047706)
- 이 책은 《예수의 고품격 유머》를 발전시킨 개정신판입니다.

> 다산북스(DASANBOOKS)는 독자 여러분의 책에 관한 아이디어와 원고 투고를 기쁜 마음으로 기다리고 있습니다.
> 책 출간을 원하는 아이디어가 있으신 분은 다산북스 홈페이지 '투고원고'란으로 간단한 개요와 취지, 연락처 등을
> 보내주세요. 머뭇거리지 말고 문을 두드리세요.